FINGER FOOD

Stuzzichini, bocconcini, tartine
e tante prelibatezze monoporzione
in 250 ricette

GRIBAUDO

FINGER FOOD
Stuzzichini, bocconcini, tartine e tante prelibatezze monoporzione in 250 ricette

Editing e revisione testi: Serena Dei
Fotografie interne: Archivio Gribaudo, Nicoletta Innocenti, Paolo Picciotto, Shutterstock Images

Redazione Gribaudo
Via Garofoli, 262 - 37057 San Giovanni Lupatoto (VR)
redazione@gribaudo.it

Responsabile editoriale: Franco Busti
Responsabile di redazione: Laura Rapelli
Redazione: Paola Morelli
Responsabile grafico: Meri Salvadori
Fotolito e prestampa: Federico Cavallon, Fabio Compri
Segreteria di redazione: Daniela Albertini

FSC
www.fsc.org
MISTO
Carta da fonti gestite in maniera responsabile
FSC® C044117

Stampa e confezione: Arti Grafiche Dial Mondovì (CN),
azienda certificata FSC®-COC con codice ICILA-COC-000335

Socio Unico Giangiacomo Feltrinelli Editore srl
Via Natale Battaglia, 12 - Milano
info@gribaudo.it
www.gribaudo.it

Prima edizione 2013 [3(CXE)] 978-88-580-0984-0

Sommario

Finger food I love you!

Il Finger food fa il suo ingresso formale nel mondo gastronomico a febbraio 2007, durante l'Expo-Gast di Salisburgo. Tra le competizioni, infatti, compariva la sezione dedicata a quelle pietanze, di porzioni assai ridotte, che potevano essere gustate "in punta di dita", senza cioè l'ausilio di piatti e posate. Il "cibo mangiato con le mani", dalla traduzione letterale delle due parole inglesi, è una vasta categoria di prelibatezze salate, ma anche dolci, che nel tempo si è ampliata e ha affinato le proposte, comprendendo zuppe e primi piatti in pratiche monoporzioni, pesci e carni da gourmand, piccole spume e budini, oltre a bocconcini di pizza e di focacce, minipanini, spiedini di frutta e di verdura...

Questo libro raggruppa moltissime ricette, alcune assai semplici e veloci da realizzare, per organizzare in casa propria un evento tutto a base di Finger food.

Preferite un brunch o un aperitivo, volete allestire una cena o un party tra amici oppure siete a caccia di idee per una festa per bambini? A voi la scelta: il ricettario, suddiviso per occasioni, propone un'infinita gamma di stuzzichini che possono essere combinati tra di loro per creare menu personalizzati. Prosciutto crudo in cialda di grana, sedano farcito con formaggio alle olive, croissant con pesce spada marinato, rotolini di tonno e ricotta affumicata, bastoncini di polenta, sfogliatine di feta, lecca-lecca piccanti di manzo sono solo alcune delle tante proposte.

E le bevande? Alcuni approfondimenti sono proprio dedicati alle bibite alcoliche e analcoliche in accompagnamento: dal Cuba libre al Bloody Mary, dal frappè alla fragola al centrifugato di mela, dalla sangria alla birra vodka.

**Insomma,
voltate pagina e cominciate a leccarvi le dita!**

il brunch

Caprese scomposta

TEMPO: 15 MINUTI
DIFFICOLTÀ: BASSA
PORZIONI: 4

- 4 pomodori maturi
- 300 g di mozzarella
- 1 mazzetto di rucola
- pinoli
- olio extravergine di oliva
- sale, pepe

Mondate, lavate, asciugate e tagliate a piccoli cubetti i pomodori.

Affettate la mozzarella, quindi frullatela con un filo di olio fino a ottenere una spuma.

Lavate la rucola, tenetene da parte alcune foglie per guarnire, e frullate il resto con un filo di olio, una manciata di pinoli, sale e pepe.

Disponete nei singoli bicchierini uno strato di pomodori, poi uno di spuma di mozzarella e coprite quest'ultima con il pesto di rucola.

Terminate guarnendo con le foglioline di rucola.

Bon bon di vitello

TEMPO: 40 MINUTI
DIFFICOLTÀ: MEDIA
PORZIONI: 8

- 300 g di filetto di vitello
- pane al latte
- 1 patata
- 1 spicchio di aglio
- prezzemolo
- burro
- olio extravergine di oliva
- sale, pepe

PER LA SALSA

- 200 g di burro
- 3 rametti di dragoncello
- 2 rametti di cerfoglio (o prezzemolo)
- 2 scalogni
- 3 cucchiai di aceto
- 3 cucchiai di vino bianco
- 3 tuorli
- 5 g di erbe aromatiche tritate
- sale
- pepe bianco in grani

Per la salsa, fate fondere il burro, evitando che prenda colore, e tenetelo da parte.

Mettete i rametti di dragoncello e di cerfoglio (o prezzemolo), ben lavati e asciugati, in una padellina assieme agli scalogni mondati e ad alcuni grani di pepe schiacciati.

Bagnate con l'aceto, il vino e 3 cucchiai di acqua, ponete sul fuoco e fate ridurre di oltre la metà, badando che il liquido non evapori completamente. Filtrate e lasciate raffreddare.

Trasferite in un pentolino e iniziate a montare la salsa con l'aiuto di una piccola frusta, incorporando uno per volta i tuorli e il burro fuso versato a filo.

Al termine di questa operazione, la salsa dovrà risultare gonfia e spumosa, densa come una maionese. Aggiustate di sale e pepe, quindi spolverizzate con le erbe aromatiche.

Prima di servirla intiepiditela a bagnomaria.

Per i bon bon, battete al coltello il vitello e mescolatelo con il pane, la patata lessa schiacciata, l'aglio e del prezzemolo tritati, sale e pepe, quindi con le mani formate delle palline.

Rosolate con burro e olio i bon bon e serviteli in bicchierini nei quali avrete disposto un "letto" di salsa.

Crocchette di baccalà

TEMPO: 1 ORA E 45 MINUTI
DIFFICOLTÀ: MEDIA
PORZIONI: 4-6 PERSONE

- 500 g di baccalà ammollato
- 3 cucchiai di vino bianco
- 1 foglia di alloro
- 1 cipolla piccola
- 1 tuorlo
- 1 dl di panna
- 1 spicchio di aglio
- 1 ciuffo di prezzemolo
- farina
- 1 uovo
- pangrattato
- olio per friggere
- sale

PER COMPLETARE

- 1 limone
- maionese aromatizzata al prezzemolo

Cuocete per circa 50 minuti il baccalà in abbondante acqua aromatizzata con il vino bianco, l'alloro e la cipolla; poi scolatelo e fatelo raffreddare.

Spellatelo, spinatelo, sminuzzate la polpa e raccoglietela in una ciotola. Mescolando con un cucchiaio di legno, incorporate al pesce un tuorlo, la panna e un trito fine di aglio e prezzemolo.

Impastate bene e poi formate con le mani delle polpettine schiacciate che passerete in un po' di farina, nell'uovo sbattuto con un pizzico di sale e infine nel pangrattato.

Scaldate abbondante olio e poi friggetevi le crocchette finché non saranno croccanti e dorate.

Scolatele con una schiumarola e ponetele su un foglio di carta assorbente da cucina affinché perdano l'unto in eccesso.

Servitele caldissime, accompagnandole con spicchi di limone o, a piacere, maionese aromatizzata al prezzemolo.

Croissant mignon con filetto di vitello

TEMPO: 45 MINUTI + 15 MINUTI DI RIPOSO
DIFFICOLTÀ: MEDIA
PORZIONI: 8 MINICROISSANT SALATI

- timo
- rosmarino
- maggiorana
- finocchietto selvatico
- 600 g di filetto di vitello
- 100 g di senape
- 8 minicroissant salati
- olio extravergine di oliva
- sale, pepe

Mondate e tritate del timo, del rosmarino, della maggiorana e del finocchietto.

Ungete il filetto con un filo di olio e rosolatelo in una padella. Salate e pepate.

Lasciatelo intiepidire, quindi spennellatelo con la senape. Passatelo poi nel trito di erbe, sistematelo in una pirofila e cuocetelo in forno preriscaldato a 200 °C per 20 minuti circa.

Sfornatelo, lasciatelo riposare per 15 minuti e poi tagliatelo a fette.

Aprite i croissant, farciteli con le fette di carne e serviteli.

Crostatine tiepide di ricotta al miele

TEMPO: 1 ORA E 10 MINUTI + 2 ORE DI RIPOSO
DIFFICOLTÀ: MEDIA
PORZIONI: 6

PER LE CROSTATINE

- 150 g di farina
- 100 g di zucchero
- 1 uovo
- vaniglia in polvere
- la scorza grattugiata di 1/2 limone
- 125 g di burro
- fagioli secchi per la cottura

PER LA CREMA ALLA RICOTTA

- 2 uova
- 70 g di zucchero
- 250 g di ricotta
- 130 ml di panna fresca
- vaniglia in polvere

PER COMPLETARE

- frutta fresca
- 60 g di miele

Per le crostatine: lavorate tutti gli ingredienti (tranne i fagioli) su un piano da lavoro per ottenere un composto liscio e omogeneo. Formate una palla con l'impasto, avvolgetela nella pellicola per alimenti e lasciatela riposare in frigorifero per 2 ore.

Stendete con un matterello la pasta in una sfoglia sottile e adagiatela, rivestendo anche i bordi, in 6 stampi monoporzione del diametro di 5 cm, imburrati e infarinati.

Coprite gli stampi con fogli di carta da forno e una manciata di fagioli secchi. Cuocete in forno preriscaldato a 170 °C per 10 minuti.

Per la crema alla ricotta: in una terrina montate i tuorli con lo zucchero; incorporate la ricotta, la panna, gli albumi montati a neve e un pizzico di vaniglia. Togliete dal forno gli stampi, eliminate i fagioli e la carta da forno e farciteli con la crema alla ricotta.

Rimetteteli a cuocere in forno a 200 °C per 10-12 minuti.

Sfornate le crostatine, lasciatele raffreddare e sformatele, quindi lucidatele con il miele e distribuitevi la frutta mondata, lavata e tagliata a pezzetti.

Flan di ricotta con verdure

TEMPO: 45 MINUTI
DIFFICOLTÀ: BASSA
PORZIONI: 6

- 50 g di carote
- 100 g di zucchine
- 40 g di asparagi
- 500 g di ricotta fresca
- 1 uovo
- 1 albume
- burro
- qualche foglia di basilico
- sale, pepe

Pulite le carote, le zucchine e gli asparagi e tagliateli a dadini togliendo i semi delle zucchine.

Sbollentate le verdure in acqua salata e fatele raffreddare in acqua e ghiaccio.

Passate la ricotta al setaccio e incorporate il tuorlo dell'uovo e le verdure scolate, tenendone da parte qualche cucchiaiata per guarnire.

Aggiustate di sale e pepe e incorporate gli albumi montati a neve con un pizzico di sale.

Imburrate 6 cocotte da 8 cm di diametro, riempitele con il composto di ricotta e passatele in forno a vapore a 110 °C per circa 15 minuti.

Sformate i flan e tagliateli in 4 oppure lasciateli interi. Guarnite con le verdure tenute da parte e qualche foglia di basilico, completate con un filo di olio e servite.

Crostini con peperone e formaggio

TEMPO: 45 MINUTI + 5 ORE DI RIPOSO
DIFFICOLTÀ: MEDIA
PORZIONI: 6

- 2 peperoni rossi
- 1 peperone verde
- 1 peperone giallo
- 100 g di fontina
- 20 foglie di basilico
- 1 ciuffo di prezzemolo
- 6 fette di pane integrale in cassetta
- olio extravergine di oliva
- sale, pepe

Mondate i peperoni e tagliateli a falde eliminando i semi e i filamenti.

Scottateli alla griglia, chiudeteli in un sacchetto di plastica e lasciateli riposare per 5-6 minuti. Eliminate la cuticola e conditeli con poco olio, sale e pepe.

Tagliate a fettine sottili il formaggio.

Adagiate i peperoni rossi su un foglio di alluminio per alimenti, copriteli con le foglie di basilico e con le fettine di fontina.

Adagiatevi sopra i peperoni gialli e verdi e distribuite su di essi il prezzemolo tritato. Aiutandovi con l'alluminio, arrotolate e mettete a rassodare per 5 ore in frigorifero.

Tostate il pane in forno, togliete il rotolo dal frigorifero, eliminate l'alluminio e affettate i peperoni.

Sfornate il pane e coprite le fette con le rondelle di peperoni. A piacere potete sostituire il basilico o il prezzemolo con erba cipollina.

Fagottini al salmone

TEMPO: 40 MINUTI + 1 ORA DI RIPOSO
DIFFICOLTÀ: MEDIA
PORZIONI: 8

- pasta sfoglia (2 o 3 confezioni)
- 1 uovo

PER LA FARCIA

- 560 g di salmone affumicato
- 110 g di cipolle
- 20 g di rafano
- 25 g di aneto
- 45 g di panna
- sale, pepe

Per la farcia: tagliate finemente il salmone, tritate finemente le cipolle e grattugiate il rafano. Aggiungete l'aneto e la panna, mescolate e insaporite con sale e pepe.

Per i fagottini: stendete la pasta a uno spessore di 2 mm e ricavatene dei triangoli. Posate nella parte inferiore di ciascuno un po' di farcia, chiudete bene i lati verso il centro, poi arrotolate per ottenere la classica forma del croissant.

Ponete i fagottini su una teglia coperta con carta da forno e lucidateli con l'uovo sbattuto; lasciate riposare per circa un'ora.

Lucidate una seconda volta e infornate a una temperatura di 190-200 °C per circa 15 minuti.

Crema di zucchine e cialde di grana

TEMPO: 40 MINUTI
DIFFICOLTÀ: BASSA
PORZIONI: 8

- 1/2 cipolla
- 3 zucchine medie
- brodo vegetale
- 100 g di grana grattugiato
- olio extravergine di oliva
- sale, pepe

Fate soffriggere la cipolla tritata in un filo di olio.

Unite le zucchine a rondelle e bagnate con uno o due mestoli di brodo. Lasciate cuocere per 20 minuti circa.

Nel frattempo preparata le cialde: ricoprite il fondo di un pentolino antiaderente con il grana. Non appena il formaggio comincia a sciogliersi, con una spatola toglietelo dal pentolino e mettetelo su un piatto.

Quando si sarà completamente raffreddato spezzettatelo grossolanamente.

Frullate le zucchine con un mixer a immersione, regolate di sale e pepe e suddividete la vellutata ottenuta in 8 bicchierini.

Decorate ognuno con una cialda di grana e servite subito.

Crema di zucca con bacon croccante

TEMPO: 1 ORA E 15 MINUTI
DIFFICOLTÀ: BASSA
PORZIONI: 8

- 4 scalogni
- 1 bicchiere di vino bianco secco
- 2 l di brodo vegetale
- 300 g di polpa di zucca
- 150 g di patate bianche
- 2 tuorli
- 100 g di ricotta
- 3 fette di bacon
- 50 g di burro
- olio extravergine di oliva
- sale, pepe

Sbucciate e affettate gli scalogni, quindi stufateli in padella con il burro. Quando saranno traslucidi, unite il vino e fatelo evaporare, poi aggiungete un mestolo di brodo e proseguite la cottura per 20 minuti, su fiamma bassa, aggiungendo brodo se necessario.

Tagliate a cubetti la zucca, stufatela in poco olio, poi aggiungetela agli scalogni, insieme alle patate sbucciate e tagliate a piccoli pezzi; coprite con il brodo rimasto e fate cuocere a fiamma bassa per circa 40 minuti.

Regolate di sale e pepe, frullate e lasciate intiepidire. Sbattete i tuorli e mescolateli con la ricotta. Unite il composto alla crema, frullate ancora e passate la vellutata al setaccio.

Versatela in ciotoline o bicchierini, conditela con un filo di olio e guarnite con un pezzetto di bacon croccante, abbrustolito per qualche minuto nel forno già caldo a 180 °C.

Frittelle di mais con yogurt piccante

TEMPO: 40 MINUTI
DIFFICOLTÀ: MEDIA
PORZIONI: 4

- 400 g di mais precotto
- 180 g di farina
- 1 porro
- 1 uovo
- 1 peperoncino piccante fresco
- 130 g di yogurt naturale intero
- prezzemolo
- olio extravergine di oliva
- olio di semi per friggere
- sale, pepe

Scolate il mais e mescolatelo con la farina, il porro tritato e l'uovo; unite anche un po' di pepe.

Tritate il peperoncino, privato dei semi, e rosolatelo in poco olio di oliva. Fatelo raffreddare e mescolatelo allo yogurt, insieme a un filo di olio extravergine e a un pizzico di sale.

Friggete piccole quantità del composto di mais in olio di semi ben caldo, girando le frittelle ottenute per dorarle uniformemente. Scolatele, ponetele su carta assorbente da cucina per eliminare l'unto in eccesso, regolate di sale e pepe e servitele con lo yogurt a parte.

Funghi ripieni di spinaci e robiola

TEMPO: 1 ORA E 15 MINUTI
DIFFICOLTÀ: BASSA
PORZIONI: 12

- 12 grossi funghi
- vino bianco secco
- 1 rametto di timo fresco
- 1 cipolla
- il succo di 1/2 limone
- 400 g di spinaci freschi
- 60 g di robiola
- burro
- olio di semi
- sale, pepe

Mondate i funghi eliminando i residui terrosi, puliteli con un panno umido, tritate finemente i gambi e tenete da parte le cappelle.

In una padella versate del vino e un paio di bicchieri di acqua e unite il timo e metà della cipolla tritati.

Portate a ebollizione, riducete la fiamma e fate sobbollire per un paio di minuti. Unite le cappelle dei funghi, con la parte liscia rivolta verso il basso, e spruzzatele con il succo di limone. Coprite e fate cuocere per alcuni minuti.

Togliete i funghi e metteteli a scolare su un piatto. Riportate il liquido a ebollizione, aggiungete i gambi tritati e una noce di burro e regolate di sale. Cuoceteli finché il liquido non si sarà assorbito del tutto.

Fate soffriggere in un filo di olio la cipolla tritata rimasta, unite gli spinaci, accuratamente mondati e lavati, regolate di sale e pepe e fate cuocere per 5-6 minuti.

Lontano dal fuoco unite i gambi dei funghi e la robiola e mescolate per amalgamare bene.

Farcite le cappelle dei funghi con il composto di spinaci. Ponetele, in un unico strato, in una pirofila e cuocetele nel forno già caldo a 180 °C per 15-20 minuti, finché non saranno dorate.

Servite i funghi ripieni tiepidi.

Gazpacho veloce

TEMPO: 30 MINUTI + 2 ORE DI RIPOSO
DIFFICOLTÀ: BASSA
PORZIONI: 8

- 100 g di pane bianco
- 200 g di pomodori maturi e sodi
- 1 cetriolo
- 1 peperone verde
- 1 cipolla
- 1 peperoncino piccante fresco
- 1 rametto di dragoncello
- 1 spicchio di aglio
- 1 cucchiaino di semi di cumino
- 1 cucchiaio di aceto di vino bianco
- 2 cucchiai di maionese
- sale, pepe

Ammollate in acqua il pane, quindi strizzatelo bene e sbriciolatelo tra le mani.

Sbucciate i pomodori ed eliminate i semi. Mondate tutte le altre verdure, tagliatele a pezzettini, compreso il peperoncino.

Riunite pane e verdure in una ciotola, insaporite con qualche fogliolina di dragoncello, coprite e lasciate riposare in frigorifero per 1-2 ore.

Lavorate in un mortaio l'aglio insieme con i semi di cumino sino a ridurli in pasta. Stemperate poi con l'aceto e amalgamate il tutto con la maionese.

Raccogliete nel bicchiere del frullatore le verdure, la salsa di cumino e circa 7,5 dl di acqua ghiacciata.

Azionate sino a ottenere una zuppa della stessa consistenza di un sugo di pomodoro. Servite il gazpacho ben freddo in bicchierini individuali, guarnendo, a piacere, con cubetti di verdure e crostini di pane.

Insalata di tonno e verdure

TEMPO: 20 MINUTI
DIFFICOLTÀ: BASSA
PORZIONI: 8

- 1 peperone giallo
- 1 pomodoro
- 1 zucchina
- 500 g di tonno sottolio
- olio extravergine di oliva
- sale, pepe

Mondate e tagliate a cubetti molto piccoli le verdure.

Sgocciolate il tonno e mescolatelo alle verdure.
Condite con olio, sale e pepe e suddividete il composto in singoli bicchierini o in coppette individuali.

Questa ricetta può essere la base per mille varianti:
possono essere aggiunti, per esempio, olive e capperi tritati, mais, carote a cubetti, a seconda dei gusti.

Mezzelune alle ciliegie

TEMPO: 40 MINUTI + 2 ORE DI RIPOSO
DIFFICOLTÀ: MEDIA
PORZIONI: 6

- 70 g di burro
- 170 g di farina
- 70 g di zucchero a velo
- 100 g di ricotta
- 100 g di marmellata di ciliegie
- 1 tuorlo

Impastate il burro, ammorbidito a temperatura ambiente, con la farina, lo zucchero a velo e la ricotta, fino a ottenere un composto omogeneo. Coprite con un panno e lasciate riposare in frigorifero per almeno 2 ore.

Stendete il composto con un matterello allo spessore di circa mezzo centimetro, poi, aiutandovi con un coppapasta, ricavate dei dischi del diametro di 4 cm circa.
Ponete su ciascun disco di pasta un cucchiaino di marmellata.

Spennellate con il tuorlo i bordi dei dischi e chiudeteli formando delle mezzelune.

Disponetele in una teglia da forno, foderata con l'apposita carta, e cuocetele per 14 minuti in forno già caldo a 180 °C.

Lasciate raffreddare e servite.

Pancake al forno con mele

TEMPO: 1 ORA
DIFFICOLTÀ: MEDIA
PORZIONI: 4

- 150 g di farina
- 100 ml di latte
- 2 uova
- 4 mele
- 100 g di burro
- cannella in polvere
- 100 g di zucchero
- sale

Mescolate in una ciotola la farina, un pizzico di sale, il latte e i tuorli. In un'altra ciotola montate gli albumi a neve.

Unite i due composti, mescolando delicatamente dal basso verso l'alto con un cucchiaio di legno.

Sbucciate le mele e tagliatele a fette sottili; fatele saltare per un paio di minuti in una padella con il burro, un pizzico di cannella e lo zucchero.

Distribuite le mele in pirofile monoporzione del diametro di circa 8 cm, imburrate e infarinate. Copritele con la pastella.

Cuocete in forno preriscaldato a 200 °C per 20 minuti circa o fino a quando i pancake saranno gonfi.

Rovesciate le pirofile su un vassoio da portata, sformate i pancake e serviteli caldi.

Muffin al prosciutto e formaggio

TEMPO: 1 ORA
DIFFICOLTÀ: BASSA
PORZIONI: 6

- 120 g di burro
- 50 g di prosciutto cotto in una sola fetta
- 50 g di emmental
- 2 uova
- 120 g di farina
- 1/2 bustina di lievito in polvere
- sale

Fate fondere il burro senza bruciarlo e lasciatelo intiepidire.

Tagliate a dadini il prosciutto e grattate con la grattugia a fori larghi il formaggio.

In una terrina sbattete leggermente le uova assieme alla farina setacciata con il lievito. Incorporate il burro fuso intiepidito e un pizzico di sale. Lavorate il composto con la frusta elettrica finché non si presenta omogeneo.

Infine aggiungete il formaggio e il prosciutto a dadini, mescolando con un cucchiaio di legno per amalgamare il tutto.

Riempite gli appositi stampini, imburrati e infarinati, per due terzi della loro capacità e mettete in forno già caldo a 200 °C per 20-25 minuti o finché i muffin non avranno assunto un colore dorato in superficie.

Aprite il forno e lasciate riposare i muffin negli stampi per 5 minuti, poi sformateli e serviteli ancora caldi o appena tiepidi.

Panini di mozzarella imbottiti

TEMPO: 15 MINUTI
DIFFICOLTÀ: BASSA
PORZIONI: 8

- 8 mozzarelle di medie dimensioni
- 1 pomodoro
- 8 fette di prosciutto crudo non troppo sottili
- 8 cetriolini sottaceto
- basilico

Tagliate a panino le mozzarelle.

Farcite ognuna con una fetta di pomodoro, una di prosciutto crudo e un cetriolino tagliato a rondelle.

Servite decorando con alcune foglie di basilico.

Pasta e fagioli

TEMPO: 2 ORE E 30 MINUTI + 12 ORE
DIFFICOLTÀ: BASSA
PORZIONI: 4

- 200 g di fagioli borlotti secchi
- 1 foglia di alloro
- 2 spicchi di aglio
- 50 g di lardo
- 1 costa di sedano
- 1 cipolla
- 1 carota
- 1 rametto di rosmarino
- 1 ciuffo di prezzemolo
- 150 g di tagliatelle
- sale, pepe in grani

Lasciate i fagioli in ammollo in acqua fredda per una notte.

Sgocciolateli e trasferiteli in una capace pentola con 2 litri di acqua fredda, leggermente salata e aromatizzata con la foglia di alloro e uno spicchio di aglio.

Incoperchiate e lasciate cuocere per circa 2 ore a fuoco dolce.

Nel frattempo tritate il lardo con il restante spicchio di aglio, il sedano, la cipolla, la carota, il rosmarino e il prezzemolo; ponete il tutto a rosolare in un tegame.

Scolate metà dei fagioli e frullateli con un mestolo dell'acqua di cottura, quindi unite la crema ottenuta ai fagioli in cottura e riportate il tutto a ebollizione; aggiungete anche il soffritto di lardo e aromi, regolate di sale, versate nella pentola le tagliatelle finemente spezzettate e portatele a cottura.

Profumate con pepe appena macinato, distribuite in coppette individuali e servite anche a temperatura ambiente.

Polenta infasolà

TEMPO: 1 ORA E 45 MINUTI
DIFFICOLTÀ: MEDIA
PORZIONI: 8

- 150 g di fagioli borlotti secchi
- 1/2 cipolla
- 1 spicchio di aglio
- 250 g di farina di mais
- olio extravergine di oliva
- sale, pepe

Ponete in ammollo i fagioli per 12 ore, quindi scolateli, metteteli in una pentola con acqua fredda poco salata, aromatizzata con la cipolla e l'aglio, e lessateli per circa 45 minuti.

Sgocciolateli e passatene metà al passaverdura.

Trasferite i fagioli interi e quelli passati in una seconda pentola, unite un litro di acqua, salate e portate a ebollizione; versatevi a pioggia la farina, mescolando energicamente con un cucchiaio di legno.

Una volta che tutta la farina sarà stata incorporata, lasciate cuocere a fuoco dolce per circa 45 minuti, mescolando di tanto in tanto.

A fine cottura, condite con un pizzico di pepe e un filo di olio e servite tagliando la polenta a quadrotti.

Ratatuja in tartellette

TEMPO: 2 ORE
DIFFICOLTÀ: MEDIA
PORZIONI: 4

PER 300 G DI PASTA BRISÉE

- 200 g di farina
- 100 g di burro + 1 noce
- sale

PER LA RATATUJA

- 2 melanzane tonde
- 1 peperone rosso
- 1 peperone giallo
- 2 pomodori maturi
- 5 zucchine piccole
- 1 cipolla
- 1 spicchio di aglio
- 1 rametto di rosmarino
- 1 ciuffo di basilico
- 1 ciuffo di prezzemolo
- olio extravergine di oliva
- sale, pepe in grani

Per la pasta brisée: setacciate la farina sul piano di lavoro, unite un pizzico di sale e distribuitevi sopra il burro a pezzetti. Lavorate gli ingredienti fra i polpastrelli, finché il burro non avrà assorbito quasi tutta la farina.

Radunate il tutto a fontana e fate un buco nel centro. Versatevi 2 cucchiai di acqua e impastate fino a formare un composto morbido. Raccoglietelo a palla, cospargetelo di farina e avvolgetelo in un canovaccio.
Lasciatelo riposare in un luogo fresco per circa 30 minuti.

Per la ratatuja: tagliate le melanzane a cubetti, quindi raccoglietele in uno scolapasta, cospargetele di sale e lasciatele spurgare per 30 minuti, quindi sciacquatele e asciugatele.

Mondate i peperoni, privandoli del picciolo, dei semi e dei filamenti, quindi tagliateli a listarelle. Tagliate a cubetti pomodori e zucchine e a rondelle la cipolla. Versate in un filo di olio l'aglio e le melanzane e fatele rosolare, quindi aggiungete la cipolla e i peperoni.

Dopo un minuto, unite le rimanenti verdure, salate, incoperchiate e lasciate cuocere per 30 minuti.

Profumate con le erbe aromatiche tritate e qualche grano di pepe; infine mantecate con un filo di olio.

Dopo aver spianato la pasta, rivestite con questa degli stampini monodose imburrati, versatevi il ripieno livellandolo, quindi cuocete le tartellette in forno preriscaldato a 220 °C per 20 minuti circa. Servitele calde o appena tiepide.

Rollé di pollo e verdure

TEMPO: 1 ORA
DIFFICOLTÀ: MEDIA
PORZIONI: 6

- 1 petto di pollo da 180 g
- 1/2 peperone rosso
- 1/2 peperone giallo
- 1 finocchio
- olio extravergine di oliva
- sale, pepe

Tagliate il petto di pollo a metà e sfilettatelo in modo da ottenere una fetta lunga e stretta che appoggerete su un foglio di carta da forno.

Mondate e tagliate a cubetti i peperoni e il finocchio e saltateli brevemente in un filo di olio. Salate e pepate.

Distribuite la farcia sul petto di pollo, lasciando libero un centimetro circa lungo i bordi.

Aiutandovi con la carta da forno, arrotolate la carne su se stessa, formando un salame, e chiudete le estremità con spago da cucina.

Cuocete a vapore il rotolo finché non sarà tenero.

Regolate di sale e pepe, quindi tagliate a fettine il rotolo e servite.

Spaghetti arrotolati

TEMPO: 1 ORA E 10 MINUTI
DIFFICOLTÀ: BASSA
PORZIONI: 8

- 2 melanzane
- 1 cipolla
- 600 g di polpa di pomodoro
- 350 g di spaghetti
- 250 g di ricotta salata grattugiata
- 1 ciuffo di prezzemolo
- 6 cucchiai di olio extravergine di oliva
- sale, pepe

Mondate le melanzane e tagliatele a fette; raccoglietele in uno scolapasta, cospargetele di sale e lasciatele spurgare per almeno un'ora.

Nel frattempo, affettate la cipolla e ponetela in un tegame, preferibilmente di coccio, con l'olio e la polpa di pomodoro; portate su fuoco moderato, salate, pepate, incoperchiate e lasciate cuocere per circa 30 minuti, mescolando di tanto in tanto.

Sciacquate le melanzane, asciugatele con carta assorbente da cucina e cuocetele sulla griglia.

In una capace pentola portate a ebollizione abbondante acqua salata, tuffatevi gli spaghetti e cuoceteli al dente.

Scolateli, trasferiteli in una zuppiera e conditeli con il sugo e la ricotta.

Formate delle matassine allungate con gli spaghetti, ponete ognuna su una fetta di melanzana, arrotolate e fissate con uno stuzzicadenti.

Decorate con foglioline di prezzemolo e, a piacere, con un cucchiaio di pesto.

Salmone al pepe verde con melone

TEMPO: 30 MINUTI
DIFFICOLTÀ: BASSA
PORZIONI: 6

- 300 g di polpa di melone
- 1 peperoncino piccante fresco
- 400 g di filetto fresco di salmone
- olio extravergine di oliva
- sale, pepe verde

Tagliate il melone a cubetti, tenetene alcuni da parte e frullate il resto della polpa con il peperoncino privato dei semi. Unite i cubetti di melone, mescolate e conservate in frigorifero.

Tagliate il salmone a cubetti e passateli nel pepe verde tritato in modo da coprirli interamente.

Rosolateli in poco olio, asciugateli su carta assorbente da cucina e salateli.

Suddividete la polpa di melone in coppette individuali e completate con i cubetti di salmone infilzati in spiedini.

Sfogliatine ai carciofi

TEMPO: 1 ORA E 15 MINUTI
DIFFICOLTÀ: MEDIA
PORZIONI: 6

- 300 g di spicchi di carciofi surgelati
- 500 g di ricotta
- 2 uova
- 80 g di grana grattugiato
- 500 g di pasta sfoglia
- burro
- olio extravergine di oliva
- sale, pepe

Dopo averli scongelati, affettate sottilmente i carciofi e fateli insaporire in una padella antiaderente con un filo di olio e un po' di burro. Regolate di sale e pepe e continuate a cuocere finché i carciofi non risulteranno teneri.

Lavorate la ricotta con le uova, il grana, sale e pepe, mescolando a lungo per ottenere un composto omogeneo. Unite i carciofi.

Foderate 6 stampini individuali, precedentemente imburrati, con la pasta, lasciandola debordare. Riempite con la farcia ai carciofi, ripiegate la pasta all'interno, sigillando bene i bordi, e cuocete in forno caldo a 180 °C per circa 40 minuti.

Spiedini tikka

TEMPO: 30 MINUTI + 12 ORE DI RIPOSO
DIFFICOLTÀ: BASSA
PORZIONI: 6

- 750 g di petti di pollo
- olio extravergine di oliva

PER LA MARINATA

- 1 cipolla
- 3 dl di yogurt naturale
- 2 spicchi di aglio
- 2 cucchiai di aceto
- 1 cucchiaio di zenzero fresco grattugiato
- 1/2 cucchiaino di peperoncino rosso piccante in polvere
- il succo di 1 limone
- 2 cucchiaini di sale

Tagliate la carne a cubetti di circa 2 cm di lato e sistematela in una terrina.

Preparate la marinata frullando assieme tutti gli ingredienti e versatela sulla carne. Mescolate, coprite e lasciate riposare in frigorifero per 12 ore, ricordandovi di rimestare di tanto in tanto in modo che i pezzi di pollo si insaporiscano uniformemente.

Al termine della marinatura scolate la carne, infilzatela sugli spiedini, spennellatela con olio e cuocete, a calore non troppo vivo, in forno o, meglio ancora, alla griglia.

Frutta e tè all'insegna della freschezza

Il brunch, questo sconosciuto. La parola nasce dall'unione, in forma sincopata, di breakfast (colazione) e lunch (pranzo).
Si tratta di un tipico modo di concepire il pasto della domenica, diffuso in Inghilterra e negli Stati Uniti. Di solito si svolge tra le 10 e le 12 e accorpa proprio i due pasti dell'inizio della giornata, in un unico momento, proprio perché la domenica è dedicata al relax, e di solito si indugia un po' di più a letto.
Per seguire la tradizione anglosassone, durante il brunch si dovranno servire le pietanze tipiche della colazione, come dolcetti, pane, burro e marmellata, ai quali verranno aggiunti salumi, verdure, pesce affumicato...
E così anche per le bevande: sì a caffè, succhi e spremute, ma anche freschi cocktail analcolici a base di frutta.
Qui di seguito ecco alcune proposte facili da realizzare e molto invitanti.

ARANCIA E POMPELMO

per 1 persona
3-4 cubetti di ghiaccio
1 parte di succo di arancia
1 parte di succo di pompelmo
2-3 gocce di granatina
soda
1 fettina di limone

Mettete il ghiaccio nello shaker con i succhi e la granatina. Shakerate, quindi filtrate in un bicchiere tumbler e riempite con la soda. Decorate con la fetta di limone.

PUNCH ALLA FRUTTA

per 10 persone
250 ml di soda
600 ml di succo di arancia
600 ml di succo di melagrana
300 ml di succo di ananas
cubetti di ghiaccio
cubetti di ananas e di mela

Coprite il fondo di una caraffa con cubetti di ghiaccio, poi unite la soda e i succhi che devono essere freddissimi; versate i cubetti di ananas e di mela e servite. Questo punch può essere variato a seconda dei succhi che preferite.

PLAYA DEL SOL

per 1 persona

1/3 di succo di frutto della passione
1/3 di succo di arancia fresca
4 fragole frullate
1 fetta di ananas frullato

Versare in un tumbler i due succhi, poi le fragole, che devono essere freddissime, quindi l'ananas frullato; servite senza mescolare.

TÈ GHIACCIATO ALLA MENTA

per 4 persone

4 rametti di menta fresca
2 limoni non trattati
2 cucchiai di zucchero
1,5 l di tè leggero filtrato
cubetti di ghiaccio

Ponete i rametti di menta in un recipiente resistente al calore con un limone a fettine e lo zucchero. Versatevi il tè e lasciate riposare per 30 minuti. Filtrate in una caraffa e fate raffreddare in frigorifero per 20 minuti. Unite alcuni cubetti di ghiaccio e l'altro limone a fettine e servite.

Spiedini di provolone e verdura

TEMPO: 30 MINUTI
DIFFICOLTÀ: BASSA
PORZIONI: 6

- 150 g di provolone piccante
- 1 grossa melanzana
- 4 pomodori da insalata
- olive nere denocciolate
- origano
- olio extravergine di oliva
- sale, pepe

Tagliate il provolone a cubetti di 3-4 cm di lato; mondate e affettate la melanzana e i pomodori, tagliandoli in cubetti della stessa misura del provolone.

Infilzate i pezzi di formaggio, di melanzana e di pomodoro sugli spiedini, alternandoli con le olive.
Mescolate l'olio con dell'origano, sale e pepe.

Spennellate gli spiedini con questa salsina e cuoceteli a calore sostenuto per 10 minuti, rigirandoli spesso.
Serviteli subito.

Strudel di bietole

TEMPO: 1 ORA E 20 MINUTI
DIFFICOLTÀ: BASSA
PORZIONI: 8

- 500 g di pasta brisée
- 1 uovo
- latte

PER LA FARCIA

- 650 g di bietole
- 300 g di ricotta di pecora
- 100 g di grana grattugiato
- 2 uova
- 150 g di speck
- 2 cucchiai di olio extravergine di oliva
- sale

Mondate le bietole, lavatele, lessatele in poca acqua, scolatele, strizzatele e tritatele. Fatele insaporire in una padella antiaderente con l'olio.

In una terrina ammorbidite la ricotta con una forchetta, poi aggiungete il grana, le uova, le bietole e lo speck tagliato a dadini. Amalgamate e aggiustate di sale.

Stendete la pasta con il matterello all'altezza di 5 mm e trasferitela su una teglia rivestita con carta da forno.

Stendetevi la farcia alle bietole, lasciando libero un bordo di circa 2 cm tutto intorno; arrotolate la pasta su se stessa per formare lo strudel e sigillate bene i lembi. Spennellate con l'uovo leggermente sbattuto con un goccio di latte e cuocete in forno già caldo a 180 °C per circa 40 minuti.

Sfornate e tagliate a fette lo strudel.

Tartellette con ricotta e porri

TEMPO: 50 MINUTI + 1 ORA DI RIPOSO
DIFFICOLTÀ: MEDIA
PORZIONI: 6

PER LA PASTA

- 100 g di farina integrale
- 100 g di farina
- 10 g di lievito di birra
- burro
- sale

PER LA FARCIA

- 300 g di porri
- 250 ml di brodo vegetale
- 150 g di ricotta
- 100 ml di latte di soia
- 200 g di mele verdi
- 1 peperone rosso
- zenzero in polvere
- sale

Per la pasta: setacciate le due farine e un pizzico di sale a fontana sulla spianatoia e ponetevi al centro il lievito sciolto in poca acqua tiepida. Lavorate a lungo la pasta, poi ponetela a lievitare per almeno un'ora o finché non avrà raddoppiato il suo volume.

Per la farcia: pulite e affettate i porri, bagnateli con il brodo e cuoceteli a fuoco basso finché non sono morbidi.

Lavorate la ricotta con il latte di soia; sbucciate e grattugiate le mele, quindi unitele al composto aggiungendo i porri, il peperone mondato e tagliato a cubetti minuti, un pizzico di sale e uno di zenzero.

Rivestite con la pasta degli stampini monodose imburrati, suddividetevi il ripieno livellandolo, quindi cuocete le tartellette in forno preriscaldato a 220 °C per 30 minuti circa.

Sfornate le tartellette, fatele raffreddare e sformatele; servitele calde o tiepide.

Strudel di frittata con ricotta ed erbe aromatiche

TEMPO: 30 MINUTI + 1 ORA DI RIPOSO
DIFFICOLTÀ: BASSA
PORZIONI: 6

- 6 uova
- 500 ml di panna
- 250 g di ricotta
- erbe aromatiche (prezzemolo, rosmarino, salvia, maggiorana, erba cipollina)
- sale

Lavorate con una frusta le uova con la panna e un pizzico di sale.

Sistemate il composto ottenuto su una teglia ricoperta con carta da forno e cuocete in forno preriscaldato a 150 °C per 15 minuti.

Amalgamate la ricotta con le erbe mondate, lavate, asciugate con della carta assorbente da cucina e tritate grossolanamente. Regolate di sale.

Spalmate la frittata con il composto di ricotta ed erbe e arrotolatela. Ponetela in frigorifero per almeno un'ora.

Tagliate lo strudel a fettine e servite.

Tartellette con crescenza e bresaola

TEMPO: 50 MINUTI
DIFFICOLTÀ: MEDIA
PORZIONI: 8

- 250 g di pasta brisée
- farina
- 1 dl di panna
- 120 g di crescenza
- 50 g di pistacchi sgusciati e mondati
- 8 fette di bresaola
- 5 bacche di ginepro
- sale, pepe

Inumidite 8 stampini per tartellette con un panno bagnato e strizzato.

Tirate la pasta brisée sulla spianatoia infarinata, ricavatene 8 dischi e adoperateli per rivestire gli stampini.

Bucherellate la pasta con i rebbi di una forchetta e poi cuocete per 15 minuti nel forno già caldo a 200 °C. Sfornate e lasciate raffreddare le tartellette negli stampini prima di sformarle.

Montate la panna. Lavorate la crescenza con una spatola per ammorbidirla, quindi aggiungetevi i pistacchi tritati e la panna montata. Insaporite con il ginepro pestato nel mortaio, sale e pepe.

Distribuite il composto sulle fette di bresaola, chiudetele a fagottino e adagiate ciascuna su una tartelletta.

Frittelle di prugne

TEMPO: 45 MINUTI
DIFFICOLTÀ: MEDIA
PORZIONI: 8

- 2 uova
- 80 g di zucchero semolato
- 130 g di farina
- 1/3 di bustina di lievito per dolci
- 1 bicchierino di birra
- 80 g di prugne secche
- 2 cucchiai di zucchero a velo
- 2 cucchiaini di cannella in polvere
- 1 rametto di menta
- olio per friggere

Sbattete i tuorli con metà dello zucchero semolato, quindi incorporate poco alla volta la farina, il lievito e la birra.

In un recipiente montate a neve gli albumi con lo zucchero semolato rimasto e uniteli alla pastella, mescolando delicatamente dal basso verso l'alto.

Scaldate in una padella abbondante olio. Immergete le prugne nella pastella, una per volta, poi fatele friggere nell'olio ben caldo, rigirandole con l'aiuto di due cucchiai.

Man mano che sono pronte, scolatele e adagiatele su un foglio di carta assorbente da cucina perché perdano l'unto in eccesso.

Servite le frittelle di prugne calde, spolverizzate con lo zucchero a velo miscelato con la cannella. Decorate con foglie di menta; a piacere potete accompagnarle con una salsa alla vaniglia.

Panna cotta alle fragole

TEMPO: : 30 MINUTI + 12 ORE DI RIPOSO
DIFFICOLTÀ: BASSA
PORZIONI: 8

- 10 g di gelatina in fogli
- 6 dl di panna fresca
- 80 g di zucchero semolato
- 100 g di fragole
- 120 g di zucchero a velo

PER DECORARE

- fragole

Ammollate la gelatina in una ciotola di acqua fredda per almeno 10 minuti.

Versate la panna in una casseruola, mescolatevi lo zucchero semolato e cuocete per una decina di minuti, quindi passatela attraverso un colino a maglie fitte e fatevi sciogliere la gelatina sgocciolata e strizzata, mescolando con un cucchiaio di legno.

Distribuite in 8 bicchierini la panna cotta e metteteli in frigorifero a rassodare per 12 ore.

Lavate le fragole e frullatele con lo zucchero a velo, quindi passate al setaccio la purea ottenuta.

Distribuite la purea di fragole su ogni bicchierino e decorate con spicchi di fragole.

Uova sode fritte

TEMPO: 45 MINUTI + 30 MINUTI DI RAFFREDDAMENTO
DIFFICOLTÀ: MEDIA
PORZIONI: 6

PER LE UOVA
- 7 uova
- 50 g di farina
- 50 g di pangrattato
- olio di semi di arachidi

PER LA SALSA AL TARTUFO
- 10 g di burro
- 10 g di farina
- 5 dl di latte
- 100 g di tartufo bianco

Per le uova: cuocete 6 uova con il guscio per 6 minuti e mezzo a 110 °C in forno preriscaldato a vapore. Chi non lo possiede può farle bollire per 5 minuti in acqua.

Lasciate raffreddare le uova in acqua e ghiaccio per almeno 30 minuti.

Sgusciatele delicatamente, facendo attenzione a non romperle poiché all'interno rimangono crude.

Procedete all'impanatura passando le uova nella farina, nell'uovo rimasto precedentemente sbattuto e poi nel pangrattato.

Friggetele in olio caldo per 30 secondi, oppure passatele in forno preriscaldato a 250 °C per 3 minuti.

Per la salsa al tartufo: sciogliete il burro in un pentolino. Fuori dal fuoco aggiungete la farina, mescolate e rimettete sul fuoco. Aggiungete a filo il latte caldo e fate cuocere fino ad addensamento della salsa. Unite infine il tartufo tritato.

Posizionate un po' di salsa al tartufo nel fondo di 6 ciotoline individuali, quindi mettetevi sopra un uovo e servite.

Uovo viennese

TEMPO: 1 ORA E 15 MINUTI + 14 ORE DI RIPOSO
DIFFICOLTÀ: MEDIA
PORZIONI: 8

- 1 kg di farina
- 30 g di lievito in polvere
- 20 g di latte in polvere
- 40 g di zucchero
- 1 uovo
- 200 g di burro
- 1 tuorlo
- 25 g di sale

PER LA FARCIA
- 8 uova
- sale, pepe

Impastate la farina con il lievito e 4,5 dl di acqua nella quale avrete sciolto il latte in polvere, lavorando per almeno 20 minuti.

Aggiungete poi il sale, lo zucchero e l'uovo e, dopo qualche minuto, il burro. Continuate a impastare per altri 20 minuti. Ponete l'impasto, coperto, in un luogo fresco a 6-8 °C per 10-12 ore.

Suddividetelo in 8 pezzi, arrotondateli e lasciateli riposare per circa 15 minuti.

Bucate le pagnottine e create tante corone, che lascerete lievitare, coperte, per un paio di ore a una temperatura di 25 °C. Doratele poi con il tuorlo, incidete il contorno delle corone e passate in forno preriscaldato a 210 °C.

Quando la pasta avrà raggiunto il suo sviluppo definitivo (a metà cottura), rompete le uova e fatene cadere uno nel mezzo di ogni pagnottina. Salate, pepate e rimettete in forno finché il tuorlo non sarà cotto e la pasta morbida.

Lasciate raffreddare bene prima di servire.

l'aperitivo

Bignè al salmone

TEMPO: 20 MINUTI
DIFFICOLTÀ: BASSA
PORZIONI: 8

- 8 fettine di salmone affumicato
- 100 g di Philadelphia
- 100 g di mascarpone
- 8 bignè vuoti

Mescolate i formaggi fino a ottenere un composoto soffice e omogeneo.

Passate brevemente i bignè nel forno caldo per farli rinvenire, quindi incideteli sul fondo con la punta di un coltello.

Farcite i bignè con il composto ai formaggi e guarnite ognuno con una fettina di salmone.

Bocconcini alla bottarga

TEMPO: 20 MINUTI + 20 MINUTI DI RIPOSO
DIFFICOLTÀ: BASSA
PORZIONI: 8

- 250 g di pomodori
- 50 g di bottarga
- il succo di 3 limoni
- 8-12 crostini di pane
- olio extravergine di oliva
- pepe in grani

Scegliete pomodori non troppo maturi, tagliateli a spicchi e disponeteli in un piatto da portata.

Affettate sottilmente la bottarga e ponetene una fettina su ogni spicchio di pomodoro.

Condite il tutto con il succo di limone, un filo di olio e una macinata di pepe, e lasciate riposare per circa 20 minuti.

Distribuite pomodori e bottarga sui crostini di pane e servite.

Cestini al gorgonzola

TEMPO: 50 MINUTI
DIFFICOLTÀ: BASSA
PORZIONI: 8

- 10 g di uva passa
- 1 mela
- 1/2 sedano verde
- 120 g di gorgonzola
- 500 g di pasta sfoglia
- 1 tuorlo
- farina
- 30 g di burro
- sale

In una scodella mettete ad ammollare l'uva passa in acqua tiepida. Sbucciate e tagliate a dadini la mela. Mondate e tagliate a rondelle il sedano, conservando le foglie. Tagliate a cubetti il gorgonzola.

In una padella con 20 g di burro fate saltare per circa 3 minuti i dadini di mela. Aggiungete l'uva scolata e strizzata e le rondelle di sedano. Salate e cuocete per altri 3 minuti circa. Spegnete e incorporate i cubetti di gorgonzola.

Con un matterello, tritate la pasta in una sfoglia sottile, ricavate 8 dischi uguali e trasferiteli in 8 stampi da tartellette imburrati e infarinati. Farcite con il composto di sedano e gorgonzola.

Spennellate i bordi con il tuorlo e cuocete in forno preriscaldato a 200 °C per 15 minuti. Servite i cestini tiepidi, guarniti con le foglie di sedano tenute da parte tagliate a striscioline.

Crocchette di zucchine alla libanese

TEMPO: 50 MINUTI
DIFFICOLTÀ: BASSA
PORZIONI: 8

- 600 g di zucchine
- 2 uova
- 100 g di formaggio piccante grattugiato
- 150 g di pangrattato
- olio di semi di sesamo
- sale, pepe

Mondate le zucchine, lavatele e lessatele in acqua bollente salata per 10 minuti circa.

Scolatele e passatele al passaverdura facendole ricadere in una terrina.

Aggiungete le uova, il formaggio e un cucchiaio di pangrattato per rendere il composto più compatto.

Mescolate il tutto con un cucchiaio di legno, regolate di sale e pepe e formate delle polpette che passerete poi nel pangrattato.

Friggete le crocchette in una padella con olio bollente fino a farle diventare dorate e croccanti; sgocciolatele, fatele asciugare su carta assorbente da cucina e servitele ben calde.

Bocconcini del cacciatore

TEMPO: 40 MINUTI
DIFFICOLTÀ: BASSA
PORZIONI: 8

- 300 g di fegatini di selvaggina a piacere
- 1 spicchio di aglio
- 1 foglia di alloro
- 2 bacche di ginepro
- 1 ciuffo di prezzemolo
- 10 g di capperi
- 8-10 crostini di pane
- 10 ml di aceto
- 6 cl di brodo
- 80 g di burro
- sale
- pepe in grani

Tritate finemente i fegatini. Sciogliete il burro in una padella e fatevi imbiondire lo spicchio di aglio mondato e tagliato a fette sottili. Aggiungete l'alloro sminuzzato, le bacche di ginepro pestate in un mortaio e il prezzemolo tritato; infine unite i capperi.

Quando i sapori saranno amalgamati, aggiungete i fegatini e rosolateli.

Quando iniziano a profumare, bagnateli prima con l'aceto e poi con il brodo. Tenete sul fuoco fino alla completa cottura dei fegatini, quindi scolateli e frullateli.

Rimetteteli in padella, salate, pepate e aumentate il calore per asciugare il composto.

Spalmate la crema di fegatini sui crostini che, a piacere, possono essere prima abbrustoliti.

Cestini di brisée

TEMPO: 40 MINUTI
DIFFICOLTÀ: BASSA
PORZIONI: 8

- 1 rotolo di pasta brisée
- 8 pomodorini ciliegia
- 50 g di emmental
- 50 g di mozzarella
- paprica
- origano fresco
- sale

Accendete il forno a 200 °C.

Srotolate la pasta brisée e foderate 8 stampini per tartellette.

Frullate insieme i formaggi, aromatizzate con sale, origano e parica, quindi farcite le tartellette e sistemate su ognuna un pomodorino con il picciolo.

Disponete i cestini di brisée sulla placca da forno e fatele dorare per circa 20 minuti o fino a quando non sono dorati.

Sfornate, decorate ciascun cestino con qualche fogliolina di origano e servite.

Delizie ai formaggi

TEMPO: 30 MINUTI + 2 ORE DI RIPOSO
DIFFICOLTÀ: BASSA
PORZIONI: 6

- 1 mazzetto aromatico (prezzemolo, timo, maggiorana)
- 1 carota
- paprica dolce
- 150 g di robiola
- 150 g di ricotta
- 2 cucchiai di olio extravergine di oliva
- sale

PER COMPLETARE

- crostini di pane

Mondate le erbe e tritatele finissime. Pulite la carota, grattugiatela e poi tritatela in modo un po' grossolano.

Distribuite erbe, carote e paprica in tre diversi piatti.

Lavorate energicamente la robiola con la ricotta e l'olio fino a ottenere una crema omogenea; regolate di sale e mescolate nuovamente.

Ricavate dal composto delle palline grandi come una noce.

Fatene rotolare una parte sul trito di erbe, un'altra su quello di carota e le restanti sulla paprica sino a ricoprirle completamente.

Disponetele su un piatto da portata e lasciate rassodare per almeno 2 ore in frigorifero.

Servite accompagnando con crostini di pane.

Fiori di fichi con gorgonzola e noci

TEMPO: 30 MINUTI + 30 MINUTI DI RIPOSO
DIFFICOLTÀ: BASSA
PORZIONI: 8

- 8 fichi maturi
- 250 g di gorgonzola
- 8 noci

Lavorate con un cucchiaio il gorgonzola fino a che non sarà cremoso, quindi incorporatevi le noci spezzettate.

Tagliate ogni fico a spicchi, senza arrivare fino in fondo, in modo da ottenere una sorta di fiore e quindi sistemateli in pirottini di carta.

Farcite i fichi con il composto di gorgonzola e noci e riponeteli in frigorifero fino al momento di servire.

Polenta con verdure

TEMPO: 1 ORA E 30 MINUTI
DIFFICOLTÀ: MEDIA
PORZIONI: 8

- 700 g di zucchine piccole
- 300 g di pomodorini
- 350 g di farina di mais
- qualche foglia di menta
- 2 cucchiai di aceto di mele
- 2 cucchiai di olio extravergine di oliva
- sale

Lavate e spuntate le zucchine e tagliatele a rondelle sottili. Fate scaldare una piastra antiaderente e cuocetevi le zucchine 2-3 minuti per lato, finché non saranno morbide.

Allineate le zucchine su un piatto da portata; emulsionate l'aceto e l'olio con poco sale e irrorate le zucchine con la salsina ottenuta. Ponete sopra ogni fettina uno spicchio di pomodorino, salate, coprite e lasciate riposare.

Nel frattempo portate a ebollizione 1,5 l di acqua salata, versatevi a pioggia la farina di mais mescolando con una frusta per evitare la formazione di grumi e cuocete per 45 minuti, fino ad avere una polenta morbida. Versatela in una pirofila rettangolare e fatela raffreddare, quindi tagliatela a fettine triangolari, poi fatela dorare su una piastra antiaderente finché non si forma una crosticina.

Servite i triangolini di polenta in un piatto disponendovi intorno le verdure preparate in precedenza. Guarnite con la menta.

I cocktail da aperitivo

Leggermente frizzanti, alla frutta, dolci, sfiziosi, delicati, i cocktail accompagnano i nostri momenti di svago e relax. Ecco una piccola selezione di alcune tra le bevande alcoliche più famose, adatte all'ora dell'aperitivo, classificate dall'IBA, l'International Bartenders Association, la più importante organizzazione di barman.

AMERICANO

per 1 persona
3-4 cubetti di ghiaccio
3 cl di vermut rosso
3 cl di Bitter Campari
1 spruzzo di soda
1 fetta di arancia
la scorza di 1 limone

Mettete dei cubetti di ghiaccio in un tumbler basso. Versatevi il vermut e il Bitter Campari e terminate con la soda. Decorate con la fetta di arancia e la scorza di limone.

APEROL SPRITZ

per 1 persona
6 cl di prosecco
4 cl di Aperol
2 spruzzi di seltz
3-4 cubetti di ghiaccio
1 fetta di arancia

Versate il vino in un bicchiere rock, possibilmente freddo, aggiungete l'Aperol e completate con il seltz. Aggiungete il ghiaccio e decorate con la fetta di arancia.

COSMOPOLITAN

per 1 persona
3-4 cubetti di ghiaccio
4 cl di vodka
1,5 cl di succo di limone
1,5 cl di Cointreau
3 cl di succo di mirtillo rosso
1 fetta di limone

Mettete alcuni cubetti di ghiaccio nello shaker, versate gli ingredienti, esclusa la fetta di limone, e shakerate energicamente. Versate in una coppa, precedentemente riposta in freezer e servite decorando con la fetta di limone.

BLOODY MARY

per 1 persona
3-4 cubetti di ghiaccio
9 cl di succo di pomodoro
4,5 cl di vodka
1,5 cl di succo di limone
salsa Tabasco
salsa Worcester
1 costa di sedano
sale, pepe

Mettete il ghiaccio in un tumbler, unite il succo di pomodoro, la vodka e il succo di limone. Terminate con qualche goccia di Tabasco e di Worcester, sale e pepe e mescolate con lo stir. Servite guarnendo con la costa di sedano.

DAIQUIRI

per 1 persona
3-4 cubetti di ghiaccio
4,5 cl di rum bianco, 2 cl di succo di lime o limone
0,5 cl di sciroppo di zucchero grezzo di canna
1 fetta di lime

Mettete il ghiaccio nello shaker, versate gli ingredienti, esclusa la fetta di lime, e shakerate. Versate in una coppa, precedentemente raffreddata in freezer, e guarnite con la fetta di lime.

LO SHAKER

È lo strumento immancabile per preparare i cocktail. Per utilizzarlo nella maniera corretta dovete seguire queste indicazioni: dopo aver versato gli ingredienti nel "bicchiere", chiudetelo con cura. Prendetelo con le mani, facendo attenzione a tenere ben saldo un indice sul tappo in modo che quest'ultimo non salti. Poi shakerate, scuotendolo per circa sette volte. Infine appoggiatelo su un piano, stappate e versate nel bicchiere.

Olive ripiene

TEMPO: 40 MINUTI
DIFFICOLTÀ: BASSA
PORZIONI: 10

- 170 g di tonno sottolio
- 1 rametto di prezzemolo
- 140 g di pangrattato
- 5 cucchiai di grana grattugiato
- 500 g di grosse olive verdi denocciolate
- olio extravergine di oliva
- sale, pepe

Con il mixer tritate finemente il tonno e il prezzemolo sgocciolato dal suo olio di conservazione.

In una terrina riunite il pangrattato, il grana e il composto di tonno e prezzemolo. Regolate di sale e pepe e unite un filo di olio.

Mescolate per amalgamare gli ingredienti.

Praticate su ogni oliva un'incisione longitudinale, facendo attenzione a non tagliarle in due.

Aiutandovi con una tasca da pasticciere farcite le olive con il composto di tonno.

Tenete le olive ripiene in frigorifero fino al momento di servirle.

Ostriche al burro fuso

TEMPO: 1 ORA
DIFFICOLTÀ: MEDIA
PORZIONI: 20

- 20 ostriche
- 75 g di burro
- 1 ciuffo di prezzemolo
- 20 crostini
- sale
- pepe bianco

PER IL BURRO AL CURRY
- 50 g di burro
- 1 cucchiaio di curry in polvere

Per il burro al curry: fate ammorbidire a temperatura ambiente il burro e unitevi il curry in polvere.

Per le ostriche: lavatele, apritele e staccatele dalle valve.

Fate fondere il burro evitando che prenda colore e lasciatelo raffreddare.

Tuffatevi le ostriche e rigiratele nel condimento perché se ne rivestano, quindi passatele nel prezzemolo finemente tritato.

Disponetele nella graticola doppia caldissima e cuocetele per 4-5 minuti, rigirandole a metà cottura.

Salatele leggermente e pepatele alla fine.

Disponete le ostriche sui crostini di pane lievemente tostati e imburrati con il burro al curry.

Polenta ai funghi

TEMPO: 1 ORA
DIFFICOLTÀ: MEDIA
PORZIONI: 8

- 400 g di funghi freschi (champignon, finferli, porcini)
- 2 spicchi di aglio
- 100 g di guanciale
- vino bianco
- prezzemolo
- 250 g di farina di mais
- grana in scaglie (facoltativo)
- burro
- olio extravergine di oliva
- sale, pepe

Pulite i funghi eliminando la parte terrosa del gambo, sciacquateli velocemente sotto l'acqua corrente e affettateli.

Versate in un tegame un filo d'olio, unite una noce di burro e soffriggetevi l'aglio schiacciato e il guanciale tagliato a dadini; unite i funghi, cuocete a fiamma vivace per 2 minuti, bagnate con un goccio di vino, lasciate evaporare, poi abbassate la fiamma, salate, pepate e proseguite la cottura per circa 20 minuti.

Poco prima di spegnere, aromatizzate con del prezzemolo tritato.

Nel frattempo, preparate la polenta. Portate a bollore un litro di acqua salata, versatevi a pioggia la farina, mescolando con una frusta per evitare la fromazione di grumi, poi fate cuocere per 45 minuti, mescolando spesso.

Condite la polenta con poco burro e mescolatevi una parte di funghi dopo aver eliminato l'aglio. Trasferitela quindi in stampini monoporzione, premendo un poco per riempire tutte le cavità, e fate solidificare bene prima di sformare.

Sformate e servite guarnendo con i rimanenti funghi e qualche foglia di prezzemolo; completate, a piacere, con scaglie di grana.

Spiedini di polpette di agnello

TEMPO: 1 ORA
DIFFICOLTÀ: MEDIA
PORZIONI: 8

- 700 g di polpa di agnello
- 1 cipolla
- 1 mazzetto di prezzemolo
- 1 cucchiaino di senape
- olio extravergine di oliva

PER LA SALSA AL CHILI

- 2 spicchi di aglio
- 2 cucchiai di zucchero
- 2 cucchiai di salsa al chili
- 3 cucchiai di farina di mais
- pepe in grani

Per la salsa: versate in un tegamino 2,5 dl di acqua; unite l'aglio schiacciato, lo zucchero e la salsa al chili (facilmente reperibile nei negozi di alimentari), portate a ebollizione e abbassate la fiamma.

Aggiungete poi la farina di mais e un pizzico di pepe macinato al momento, quindi lasciate sobbollire per 5 minuti circa, finché la salsa non si sarà addensata.

Per gli spiedini: tritate separatamente la carne di agnello, la cipolla e il prezzemolo, quindi amalgamateli insieme e mescolate con cura. Aggiungete la senape e impastate con le mani fino a ottenere un composto uniforme e compatto.

Procuratevi 8 spiedini di media lunghezza che possano contenere ciascuno 4 polpette.

Formate una trentina di polpettine e inseritene 4 su ogni spiedino.

Ungete leggermente una padella e rosolatevi gli spiedini per 12 minuti circa, rigirandoli su tutti i lati.

Passateli poi su carta assorbente da cucina affinché perdano l'unto in eccesso e serviteli accompagnandoli con la salsa al chili.

Prosciutto crudo in cialda di grana

TEMPO: 25 MINUTI
DIFFICOLTÀ: BASSA
PORZIONI: 6

- 100 g di grana
- 12 fette di prosciutto crudo
- prezzemolo
- burro

Scaldate una padella antiaderente e, quando sarà ben calda, ungetela con una noce di burro.

Spolverate il grana grattugiato sul fondo della padella, creando dei dischi del diametro di 5 centimetri. Dovrete ottenere 12 dischetti di dimensioni uguali.

Fate cuocere per circa 2 minuti. Togliete le cialde dalla padella e, con l'aiuto di un bastoncino, dategli una forma ricurva.

Avvolgete su se stesse le fette di prosciutto e disponetele nelle cialde. Sistemate le fette di prosciutto nei piattini e guarnite con del prezzemolo.

Rolls di riso

TEMPO: 45 MINUTI
DIFFICOLTÀ: MEDIA
PORZIONI: 6-8

- 1 scalogno
- 2 dl di vino bianco
- 300 g di riso Carnaroli
- prezzemolo
- timo fresco
- 1 l di brodo vegetale
- 2 topinambur
- grana grattugiato
- 20 fogli di pasta fillo
- 1 tartufo nero
- burro
- sale, pepe

Rosolate lo scalogno in una noce di burro, sfumate con il vino e fate evaporare.

Aggiungete il riso, tostatelo leggermente e insaporitelo con un pizzico di prezzemolo e timo tritati finemente. Unite il brodo poco per volta.

A 2 minuti dalla cottura aggiungete i topinambur sbucciati, lavati e tagliati a dadini, un po' di burro, del grana e il resto delle erbe aromatiche tritate.

Salate e pepate. Stendete il riso sul piano da lavoro in uno strato spesso circa 2 cm e fatelo raffreddare. Tagliatelo a rettangoli (8x2 cm), e sistematelo in diagonale sui fogli di pasta fillo; cospargetelo con qualche lamella di tartufo e chiudete.

Sigillate bene i bordi e infornate i rolls in forno preriscaldato a 200 °C per 10 minuti. Serviteli caldissimi.

Toast di gamberi al sesamo

TEMPO: 45 MINUTI
DIFFICOLTÀ: MEDIA
PORZIONI: 8

- 4 fette di pancarrè
- 2 uova
- 100 g di pangrattato
- 100 g di semi di sesamo
- 100 g di gamberetti sgusciati
- 60 g di filetti di sogliola
- olio di semi di soia per friggere
- sale, pepe

Tostate le fette di pancarrè fino a renderle dorate, quindi tagliatele in quattro.

Sbattete le uova in una ciotola. Mescolate, in un'altra ciotola, il pangrattato e i semi di sesamo. Lavate i gamberetti e i filetti di sogliola, tamponateli con carta assorbente da cucina, quindi tritateli fino a ridurli in poltiglia e conditeli con sale, pepe e un cucchiaio di uovo sbattuto.

Spalmate uno spesso strato di pasta di pesce su ogni triangolino di pane, immergetela rapidamente nell'uovo sbattuto e rotolatela nel composto con i semi di sesamo.

Quando tutti i toast saranno pronti, friggeteli in abbondante olio bollente per 2 minuti, o fino a quando non saranno dorati e croccanti.

Scolateli, poneteli ad asciugare su carta assorbente da cucina e serviteli ben caldi. Volendo, potete preparare questi gustosi toast in anticipo, tenendoli poi in frigorifero fino al momento di friggerli e servirli.

Sedano farcito con formaggio alle olive

TEMPO: 25 MINUTI
DIFFICOLTÀ: BASSA
PORZIONI: 6

- 12 coste di sedano
- 80 g di robiola
- 8 olive
- 1/2 peperone
- 1 carota
- 2-3 foglie di prezzemolo
- 1 cucchiaio di maionese

Pulite le coste di sedano eliminando le foglie e i filamenti legnosi e tagliateli a pezzetti di 6 cm circa.

In una terrina amalgamate la robiola con il peperone e la carota a dadini e le olive e il prezzemolo tritati.

Aggiungete la maionese e mescolate bene il tutto.

Aiutandovi con una tasca da pasticciere farcite le coste di sedano con il composto di formaggio e servite.

Snack di pollo

TEMPO: 1 ORA
DIFFICOLTÀ: MEDIA
PORZIONI: 4

- 500 g di pasta sfoglia

PER LA FARCIA

- 200 g di pollo
- 300 g di funghi champignon
- 1 spicchio di aglio
- 1 ciuffetto di prezzemolo
- 400 g di latte
- 100 g di panna
- 4 uova
- olio extravergine di oliva
- sale, pepe

Per la farcia: fate lessare o grigliare il pollo e tagliatelo a dadini. Stufate i funghi in olio con aglio e prezzemolo.

Sbattete insieme il latte, la panna e le uova; aggiustate di sale e di pepe.

Stendete la pasta a uno spessore di 3 mm, ricavatene 8 dischi e trasferiteli in altrettanti stampi da muffin.

Suddividetevi il pollo e i funghi, poi coprite con il composto di panna e uova.

Infornate a una temperatura di 200 °C per circa 20 minuti.

Stuzzichini di pancetta croccanti

TEMPO: 40 MINUTI
DIFFICOLTÀ: BASSA
PORZIONI: 6

- 12 fette di pancetta tesa magra
- 12 datteri

Stendete su un tagliere le fette di pancetta.

Ponete un dattero su ciascuna e arrotolatela su se stessa. Fermate l'involtino con uno stuzzicadenti.

Mettete gli stuzzichini in forno già caldo a 220 °C per 25-30 minuti, rigirandoli una volta in modo da rosolarli uniformemente.

Tartellette con formaggio e cipolle

TEMPO: 45 MINUTI
DIFFICOLTÀ: BASSA
PORZIONI: 6

- 250 g di pasta brisée
- 1 cipolla rossa
- 6 rondelle di brie
- 1 uovo
- olio extravergine di oliva
- sale, pepe

Stendete la pasta sulla spianatoia leggermente infarinata e ritagliatevi 6 quadrati di 7,5 cm di lato, che disporrete su una teglia coperta di carta da forno.

Tritate la cipolla e fatela appassire in un filo di olio. Regolate di sale e di pepe.

Suddividete la cipolla sulle tartellette, ponete una rondella di brie su ciascuna, poi spennellate la pasta con l'uovo leggermente sbattuto.

Mettete nel forno preriscaldato a 180 °C per circa 20-25 minuti, finché il ripieno non si è rappreso e la pasta non è dorata.

Trasferite le tartellette su un piatto da portata e servitele, a piacere, calde o fredde.

Tartine con le rose

TEMPO: 20 MINUTI
DIFFICOLTÀ: BASSA
PORZIONI: 8

- 4 fette di pane integrale in cassetta
- 80 g di speck
- 1 ciuffo di prezzemolo
- 50 g di ricotta
- 16 petali di rosa non trattata

Eliminate la crosta del pane e dividete ciascuna fetta in 4 parti.

Preparate un battuto fine con speck e prezzemolo.

Ammorbidite la ricotta con una forchetta e incorporatevi il trito.

Spalmate le tartine con il composto di ricotta e speck e completate ognuna con un petalo di rosa.

Conservate in frigorifero fino al momento di servire.

Tartine coperte di carciofi

TEMPO: 1 ORA
DIFFICOLTÀ: MEDIA
PORZIONI: 4

- 500 g di pasta sfoglia
- 3 carciofi
- 1 limone
- 1 scalogno
- 1 ciuffo di prezzemolo
- 3 chiodi di garofano
- 80 g di fontina
- 1 dl di panna
- 1 tuorlo
- 2 cucchiai di farina
- 30 g di burro
- 20 ml di olio extravergine di oliva
- sale, pepe in grani

Stendete la pasta sfoglia e ricavate dei rettangoli delle stesse dimensioni e in numeri pari.

Cuoceteli per 20 minuti, o finché non saranno dorati, nel forno caldo a 200 °C.

Mondate i carciofi scartando le foglie esterne più dure; tagliateli a metà per eliminare la paglia interna e poi in quarti. Spennellateli con il succo filtrato del limone, ricomponeteli e metteteli in una teglia. Spolverizzateli con la scorza di mezzo limone grattugiata, lo scalogno e il prezzemolo mondati e tritati, i chiodi di garofano pestati nel mortaio, sale e pepe macinato al momento.

Irrorateli con l'olio e alcuni cucchiai di acqua; cuoceteli finché non saranno teneri. Scolateli, dimezzate i quarti e passateli in padella con il burro.

Adagiate 2 spicchi su metà dei rettangoli e coprite con scaglie di fontina.

Lavorate la panna con il tuorlo sbattuto e, a piacere, salate e pepate.

Addensate la crema a fiamma dolce con la farina setacciata.

Distribuitela sui carciofi, richiudete le tartine a panino e passatele sotto il grill per qualche minuto.

Tartine di lardo con limone caramellato

TEMPO: 1 ORA
DIFFICOLTÀ: BASSA
PORZIONI: 8

- 5 limoni
- 100 g di zucchero
- 200 g di lardo a fette
- 600 g di pane nero di segale a fette
- maggiorana
- timo

Lavate i limoni e asciugateli con carta assorbente da cucina.

Tagliate con l'aiuto di una mandolina la scorza e tritatela finemente.

Mettetela poi in un pentolino con dell'acqua fredda e fatela cuocere portando a ebollizione.

Ripetete l'operazione per altre 2 volte, infine scolate.

In un altro pentolino mettete la scorza tritata, lo zucchero e 3 dl di acqua. Portate a ebollizione e fatela caramellare.

Adagiate il lardo sulle fette di pane leggermente tostate, guarnite con la scorza caramellata e decorate a piacere con timo e maggiorana.

Vellutata di avocado con salmone

TEMPO: 30 MINUTI
DIFFICOLTÀ: BASSA
PORZIONI: 10

- 6 avocado
- 1,5 l di brodo
- 2 dl di panna
- 10 fettine di salmone affumicato
- sale, pepe

Tagliate a metà nel senso della lunghezza gli avocado e torcete le due parti in direzioni opposte per separare la polpa dal grosso nocciolo centrale; eliminate la scorza e passate la polpa al setaccio.

Raccogliete la purea così ottenuta in una casseruola e aggiungetevi il brodo caldo. Mescolate per rendere omogenea la salsa, quindi stemperatela con la panna. Salate, pepate e fate scaldare a fiamma moderata.

Suddividete la crema calda ma non bollente in bicchierini individuali, completatate ognuno con una fettina di salmone, guarnite se volete con un rametto di aneto e servite.

una cena informale

Bucce di patata croccanti

TEMPO: 40 MINUTI
DIFFICOLTÀ: MEDIA
PORZIONI: 6

- 4 patate lessate con la buccia
- 120 g di gorgonzola con mascarpone
- paprica in polvere
- olio per friggere

Tagliate le patate in 4 spicchi. Scavate la polpa lasciandone uno strato dello spessore di 5 mm unito alla buccia.

Trasferitele su un tagliere e riducetele a striscioline.

In una terrina sbattete il gorgonzola con qualche pizzico di paprica fino a farlo diventare cremoso.

Friggete in abbondate olio le bucce di patata finché non diventano croccanti e dorate.

Scolatele su carta assorbente da cucina e disponetele su un piatto da portata.

Farcite le bucce di patata con il composto di formaggio e servite.

Bocconcini di pesce spada

TEMPO: 45 MINUTI + 1 ORA DI RIPOSO
DIFFICOLTÀ: BASSA
PORZIONI: 4 o 8

- 1 melanzana lunga
- 4 fettine di pesce spada
- succo di limone
- 1 spicchio di aglio
- 4 foglie di basilico
- olio extravergine di oliva
- sale, pepe

Sbucciate e tagliate la melanzana per il largo e, a seconda delle sue dimensioni, ricavatene 8 o 16 fettine dello spessore di qualche millimetro.

Spennellatele con dell'olio e fatele grigliare su entrambi i lati, quindi spolveratele con poco sale.

Ricavate dalle fettine di pesce spada delle rondelle di dimensioni uguali alle fette di melanzana (4 o 8, a seconda del numero di queste ultime), quindi cuocete il pesce al vapore o sulla piastra antiaderente.

Emulsionate poco olio con del succo di limone, sale e pepe, e aromatizzateli con l'aglio tritato e il basilico sminuzzato.

Distribuite la salsina sul pesce, coprite e lasciate marinare al fresco per circa un'ora.

Disponete una rondella di pesce su una fetta di melanzana; sovrapponete un'altra fetta di melanzana e fermate ogni bocconcino con uno stuzzicadenti.

Canederli di astice

TEMPO: 45 MINUTI + 30 MINUTI DI RIPOSO
DIFFICOLTÀ: MEDIA
PORZIONI: 6-8

- 600 g di polpa di astice
- 600 g di pane bianco
- 150 g di cipolla bionda
- 1 spicchio di aglio
- 1 ciuffetto di prezzemolo
- 8 albumi
- 40 g di farina
- 1 cucchiaio di erba cipollina tritata
- noce moscata in polvere
- 500 g di brodo di pesce
- 60 g di olio extravergine di oliva
- sale, pepe

Sbollentate e sminuzzate la polpa dell'astice. Tagliate il pane a cubetti. Tritate la cipolla, l'aglio e il prezzemolo.

Riunite il tutto in una terrina e incorporatevi gli albumi, la farina, l'erba cipollina, un pizzico di noce moscata, l'olio, sale e pepe, e lavorate fino ad avere un impasto omogeneo.

Ponetelo in frigorifero e lasciatelo riposare per 30 minuti, quindi formate delle polpettine da 50 g l'una e fatele cuocere nel brodo di pesce per 12 minuti.

Scolatele e servitele subito.

Budini di asiago con carciofi

TEMPO: 1 ORA
DIFFICOLTÀ: MEDIA
PORZIONI: 8

- 270 g di asiago
- qualche ciuffo di prezzemolo
- 400 ml di panna
- 4 uova
- 4 carciofi
- 1 scalogno
- 1 spicchio di aglio
- timo
- burro
- olio extravergine di oliva
- sale, pepe bianco

Grattugiate l'asiago e tritate il prezzemolo. Riunite i due ingredienti in un recipiente, aggiungete la panna, un pizzico di sale, del pepe e le uova; amalgamate con cura il tutto.

Versate il composto in piccole tazze, adatte anche alla cottura in forno, unte con un velo di burro. Cuocete a bagnomaria, per 45 minuti, in forno già caldo a 120 °C.

Intanto pulite i carciofi e affettateli finemente. Saltateli in una padella con un filo di olio, insieme allo scalogno e all'aglio tritati, mantenendo i carciofi croccanti.

Insaporite con alcune foglioline di timo. Salate e pepate, quindi distribuite i carciofi sui budini di formaggio e servite.

Cannoli alla ricotta profumata ai fiori di arancio

TEMPO: 1 ORA E 30 MINUTI + 1 ORA DI RIPOSO
DIFFICOLTÀ: MEDIA
PORZIONI: 8

PER I CANNOLI
- 125 g di farina
- 10 g di zucchero
- 25 g di strutto
- 25 g di Malvasia
- 1 uovo
- olio per friggere
- sale

PER LA FARCIA
- 40 g di zucchero
- 125 g di ricotta
- la scorza grattugiata di 1/2 arancia
- acqua di fiori di arancio

PER LE SCORZE ALLO SCIROPPO
- la scorza di 1 arancia
- 50 g di zucchero

Per i cannoli: mescolate la farina con lo zucchero, un pizzico di sale, lo strutto, la Malvasia e l'uovo, poi lasciate riposare in frigorifero per un'ora.

Con l'aiuto di un matterello tirate una sfoglia sottile e spolveratela con un po' di farina. Tagliate 8 dischi con un coppapasta rotondo. Avvolgeteli sui coni di acciaio appositi per cannoli.

Friggeteli in abbondante olio, poi scolateli su carta assorbente da cucina e lasciateli raffreddare.

Per la farcia: mettete lo zucchero in un pentolino con qualche cucchiaio di acqua e fatelo sciogliere. Lavorate la ricotta con una forchetta e versatevi lentamente lo sciroppo di zucchero caldo.

Mescolate fino a che il composto non si raffredda. Unite poi la scorza d'arancia e qualche goccia di acqua di fiori di arancio.

Trasferite il tutto in una tasca da pasticciere e farcite i cannoli.

Per le scorze allo sciroppo: tagliate a listarelle la scorza e fatela bollire in un pentolino con dell'acqua; ripetete questa operazione almeno 4 volte cambiando sempre l'acqua.

Fate sciogliere in un pentolino lo zucchero con 5 dl di acqua. Lasciate raffreddare e unite le listarelle di scorza.

Servite i cannoli guarnendoli con le scorze allo sciroppo.

Cestini di spaghetti

TEMPO: 45 MINUTI
DIFFICOLTÀ: BASSA
PORZIONI: 6

- 200 g di spaghetti
- 2 uova
- 100 g di pecorino grattugiato
- 200 g di formaggio spalmabile
- pangrattato
- burro
- sale, pepe

In una capace pentola portate a ebollizione abbondante acqua leggermente salata. Tuffatevi gli spaghetti e scolateli a metà cottura più un minuto.

Nel frattempo, sbattete le uova, quindi unitevi il pecorino, il formaggio spalmabile, regolate di sale e pepe e mescolate per amalgamare gli ingredienti.

Ungete 6 pirottini con del burro e spolverateli con del pangrattato.

Disponete in ciascuno una o due forchettate di spaghetti, facendoli aderire ai bordi con le mani e creando una cavità al centro.

Versate al centro il composto di uova e formaggi e mettete in forno già caldo a 180 °C per 20 minuti circa.

Sformate i pirottini e servite.

Composta di pesce di lago e verdure

TEMPO: 1 ORA E 40 MINUTI
DIFFICOLTÀ: MEDIA
PORZIONI: 6

- 3 carote
- 4 zucchine
- 4 filetti di coregone
- 1 filetto di luccio
- 8 filetti di persico
- aneto
- il succo di 1 limone
- olio extravergine di oliva
- sale, pepe

Mondate e affettate sottilmente, in senso longitudinale, le carote e le zucchine. Scottatele in una pentola con dell'acqua salata e fatele raffreddare.

Foderate uno stampo da terrina con un foglio di alluminio per alimenti. Stendetevi sopra uno strato di zucchine alternato ai filetti di coregone puliti e spinati. Salate e pepate.

Adagiatevi uno strato di carote, il filetto di luccio, le zucchine e i filetti di persico. Salate e pepate. Coprite lo stampo con un foglio di alluminio e sistematelo in una teglia con dell'acqua.

Cuocete a bagnomaria in forno preriscaldato a 160 °C per circa un'ora. Lasciate raffreddare, poi sformate. Tagliate la composta a fette di 1,5 cm circa.

Sistemate le fette in piattini monoporzione e conditele con un'emulsione di olio, aneto tagliuzzato finemente e succo di limone.

Croissant mignon con pesce spada marinato

TEMPO: 30 MINUTI + 24 ORE E 30 MINUTI DI RIPOSO
DIFFICOLTÀ: BASSA
PORZIONI: 16

- 16 croissant mignon salati

PER LA FARCIA

- 500 g di filetto di pesce spada
- 50 g di zucchero grezzo di canna
- finocchietto selvatico
- la scorza di 1 arancia non trattata
- la scorza di 1 limone non trattato
- olio extravergine di oliva
- 50 g di sale grosso
- pepe in grani

Per la farcia: in un contenitore mettete a marinare il filetto di pesce spada con il sale, qualche grano di pepe e lo zucchero. Lasciate riposare in frigorifero per 24 ore adagiandovi sopra un piccolo peso; girate di tanto in tanto.

Lavate e asciugate il filetto con della carta assorbente da cucina.

Mettetelo nuovamente a marinare per 30 minuti in un contenitore con dell'olio, del finocchietto e la scorza tritata degli agrumi.

Sgocciolate il filetto, asciugatelo con della carta assorbente e affettatelo sottilmente.

Tagliate a metà i croissant e farciteli con il filetto.

Fagottini alle verdure

TEMPO: 45 MINUTI + 30 MINUTI DI RIPOSO
DIFFICOLTÀ: MEDIA
PORZIONI: 8

PER I FAGOTTINI

- 2 uova
- 125 g di farina
- 2,5 dl di birra
- sale

PER LA FARCIA

- 100 g di piselli sgusciati
- 100 g di fagiolini
- 1 carota
- 1 zucchina
- vino bianco secco
- 1 spicchio di aglio
- 1 cucchiaio di salsa di soia
- 100 g di asiago
- 1 porro
- olio extravergine di oliva
- sale, pepe

Per la farcia: lessate piselli e fagiolini in acqua salata; fate saltare per alcuni minuti la carota e la zucchina tagliate a cubetti in poco vino insaporito con l'aglio tritato, poi unite i legumi già cotti e insaporite con la salsa di soia.

Per i fagottini: sbattete le uova con poco sale; unite la farina e la birra, mescolando fino a ottenere un composto privo di grumi. Fate riposare per 30 minuti.

Fate scaldare una padellina con poco olio e cuocetevi delle crespelle versando circa 4 cucchiai di pastella alla volta, fino a esaurimento del composto. Mettete man mano le crespelle a perdere l'unto in eccesso su carta assorbente da cucina, quindi impilatele.

Farcite infine ogni crespella con una cucchiaiata di verdure e poco asiago a cubetti; chiudetele a fagottino, legandole con strisce di porro lessato.

Sistematele in una pirofila e ponetele in forno preriscaldato a 200 °C per 20 minuti.

Fantasia di maki

TEMPO: 1 ORA E 30 MINUTI + 3 ORE DI RIPOSO
DIFFICOLTÀ: ALTA
PORZIONI: 8

PER IL RISO
- 350 g di riso per sushi
- 5 cucchiai di aceto di riso
- 2 cucchiai di zucchero
- sale

PER GLI INVOLTINI
- 50 g di salmone
- 1 pacchetto di alga nori (da 6 foglie)

PER COMPLETARE
- 1,5 dl di salsa di soia
- 1 cucchiaio di wasabi
- 30 g di zenzero confettato

Per evitare il rischio di entrare in contatto con l'anisakis, un parassita che causa problemi all'apparato gastrointestinale, abbiate l'accortezza di congelare il pesce a – 20 °C per almeno 3 giorni o a – 15 °C per almeno 4 giorni.

Lavate il riso, lasciatelo scolare per 30 minuti e bollitelo in acqua; quando è morbido, spegnete, coprite e lasciatelo riposare per 10 minuti, poi scolatelo e versatelo in una zuppiera. Sbattete appena l'aceto con lo zucchero e un pizzico di sale e amalgamatelo al riso.

Tagliate il salmone a strisce, quindi tostate le alghe su una griglia, poi distribuitevi sopra il riso e le strisce di salmone. A piacere, potete farcire i maki anche con verdure tagliate a striscioline, frittata o altri ingredienti, secondo la vostra fantasia.

Arrotolate il sushi, tagliatelo a fette di 3-4 cm e servitelo con la salsa di soia, il wasabi e lo zenzero.

Gamberi con insalata di mango, avocado e peperoni

TEMPO: 30 MINUTI
DIFFICOLTÀ: BASSA
PORZIONI: 8

- 8 gamberi
- 1/2 mango
- 1/2 avocado
- 1/2 peperone rosso
- il succo di 1/2 limone
- 1 cucchiaio di miele
- olio extravergine di oliva
- sale

Pulite i gamberi eliminando il filamento intestinale e cuoceteli a vapore per 3-4 minuti, quindi sgusciateli mantenendo la coda.

Riducete a cubetti il mango, l'avocado e il peperone, quindi conditeli con una vinaigrette composta dal succo del limone, il miele, sale e un po' di olio.

Disponete una cucchiaiata di insalata su piattini individuali e guarnite ognuno con un gambero.

Gamberoni al cucchiaio

TEMPO: 1 ORA
DIFFICOLTÀ: ALTA
PORZIONI: 8

- 16 gamberoni
- 1 scalogno
- 1 cipolla
- 2 piccole carote
- 1 bicchiere di vino bianco secco
- 1 foglia di alloro
- 1 rametto di timo
- 1 ciuffo di prezzemolo
- 60 g di burro
- 1 cucchiaio di farina
- sale
- pepe in grani

Sgusciate i gamberoni, privateli del budellino intestinale, lavateli, scolateli e teneteli da parte.

Mondate i gusci dei gamberoni, lavateli e metteteli in una casseruola con un litro di acqua, lo scalogno tagliato in 3-4 pezzi, la cipolla e le carote tagliate a tocchi, il vino, l'alloro, il timo e il prezzemolo interi, qualche grano di pepe e un pizzico di sale.

Portate a ebollizione e fate bollire finché il liquido non si sarà ridotto della metà, quindi filtratelo.

A parte fate fondere metà del burro, incorporatevi la farina mescolando bene, lasciatela tostare, quindi aggiungete a filo il brodo filtrato fino a ottenere la consistenza di una salsa; pepate e aggiustate di sale.

Cuocete la salsa per pochi minuti, mescolando. Incorporatevi il burro rimasto, spegnete e tenete in caldo.

Infilzate i gamberoni nello spiedo e grigliate a calore vivace per 7-8 minuti, rigirando, quindi toglieteli dal fuoco.

Suddividete in 8 cucchiaini individuali da finger food la salsa calda, ponete 2 gamberoni su ognuno e servite.

Ti va un cocktail?

Una cena a base di Finger food può essere accompagnata da ottimi vini bianchi, rossi o rosati, a seconda del menu scelto.
Un'idea divertente e di sicuro effetto è anche quella di offrire ai propri ospiti dei freschi cocktail. Ecco alcune delle proposte più famose, adatte non solo a questa occasione.

BARRACUDA

per 1 persona
3-4 cubetti di ghiaccio
4,5 cl di Gold rum
1,5 cl di liquore Galliano
6 cl di succo di ananas
1 fetta di arancia, la scorza di 1 limone
prosecco

Mettete il ghiaccio nello shaker, unite gli ingredienti, escluso il prosecco, e shakerate per una decina di secondi. Versate nella coppa e unite il prosecco fino a colmare il bicchiere.

CAIPIRINHA E CAIPIROSKA

per 1 persona
1/2 lime tagliato in 4 parti
2 cucchiaini di zucchero grezzo di canna
3-4 cubetti di ghiaccio
5 cl di cachaça (per la Caipirinha)
o 5 cl di vodka (per la Caipiroska)

Mettete nel bicchiere il lime, aggiungete lo zucchero e premete con il pestello, quindi riempite il bicchiere con il ghiaccio tritato. Versate il distillato e completate con un paio di cannucce corte.

MARGARITA

per 1 persona
3-4 cubetti di ghiaccio
3,5 cl di tequila
1,5 cl di succo di lime
2 cl di Cointreau, sale

Mettete nello shaker il ghiaccio, quindi versate tequila, succo di lime e Cointreau. Shakerate energicamente per una decina di secondi e servite in una coppa sombrero, decorata con la crusta di sale.

SIDECAR

per 1 persona
3-4 cubetti di ghiaccio
5 cl di cognac
2 cl di Cointreau
2 cl di succo di limone

Mettete nello shaker il ghiaccio e, a seguire, tutti gli ingredienti. Shakerate energicamente in modo tale da amalgamare perfettamente, versate nel bicchiere e servite.

LA CRUSTA

Si tratta della tipica guarnizione per la preparazione di cocktail. Può essere salata, come nel caso del Margarita, o dolce. Ecco come si realizza: passate un fetta di lime sul bordo esterno del bicchiere o della coppa, facendo attenzione che l'agrume non tocchi il lato interno del contenitore. Versate poi il sale o lo zucchero sul bordo esterno del bicchiere. Tenete quest'ultimo rovesciato e un po' inclinato mentre lo fate ruotare affinché il sale aderisca su tutta la circonferenza.

Mousse allo yogurt con uova e caviale

TEMPO: 30 MINUTI
DIFFICOLTÀ: BASSA
PORZIONI: 8

- 4 uova
- 4 cl di panna
- 20 g di yogurt al naturale
- 50 g di caviale nero
- 50 g di caviale rosso
- sale

Fate rassodare le uova in acqua bollente.

Nel frattempo montate con la frusta la panna e lo yogurt con un pizzico di sale.

Raffreddate le uova sotto l'acqua corrente, sgusciatele e tagliatele a metà longitudinalmente.

Mettete ogni mezzo uovo in una ciotolina individuale, guarnitelo con un ciuffo di composto di panna e yogurt, un cucchiaio di caviale nero e uno di caviale rosso.

Ravioli aperti ai 5 colori

TEMPO: 1 ORA E 20 MINUTI + 28 ORE DI RIPOSO
DIFFICOLTÀ: ALTA
PORZIONI: 6

PER LA PASTA
- 100 g di farina 0
- 100 g di farina 00
- sale

PER LA FARCIA
- 350 g di cipolle
- 60 g di fecola
- 400 g di polpa di maiale macinata

PER CONDIRE
- 2 cucchiai di sakè
- 1 cucchiaio di salsa di soia
- 1 cucchiaio di olio di sesamo
- 1/2 cucchiaino di zenzero tritato
- 1/2 cucchiaino di zucchero
- 1/2 cucchiaino di sale
- 1 pizzico di pepe

PER GUARNIRE
- 3 funghi cinesi secchi
- alghe a piacere
- 3 fette di prosciutto cotto
- 1 scatola di polpa di granchio
- 3 tuorli
- olio extravergine di oliva
- sale

Per la pasta: mettete le farine a fontana su un piano da lavoro, aggiungete poco sale e versate poco per volta l'acqua necessaria a ottenere un impasto omogeneo. Lavorate la pasta con le mani per non meno di 15 minuti, copritela con un tovagliolo bagnato e lasciatela riposare per 2 ore. Lavorate di nuovo per qualche minuto, coprite e lasciate riposare per altre 2 ore in un luogo fresco.

Lavorate ancora l'impasto, poi tirate la sfoglia il più sottile possibile. Tagliatela in dischi del diametro di 8-10 centimetri. Se possibile, lasciate riposare la pasta per un giorno.

Per guarnire: lasciate i funghi in ammollo in acqua per un'ora, poi tritateli. Tritate separatamente le alghe e il prosciutto e sgocciolate la polpa di granchio. Strapazzate i tuorli nel wok con poco olio e un pizzico di sale, cercando di ottenere dei pezzi piccoli.

Per condire: mescolate in una terrina tutti gli ingredienti.

Per la farcia: tritate le cipolle e mescolatele con la fecola. Unite la carne al condimento preparato e amalgamate con le mani. Aggiungete la cipolla tritata e amalgamate il tutto.

Appoggiate un disco di pasta su una mano e disponetevi al centro parte della farcia; chiudete il fagottino ruotando e stringendo la pasta sul ripieno, ottenendo un sacchettino aperto in alto. Sistemate i fagottini nei cestelli per la cottura a vapore spennellati internamente con olio; decorate ogni sacchettino con l'uovo, con i funghi, con le alghe, con la polpa di granchio o con il prosciutto, in modo da ottenere ravioli di cinque diversi colori (a piacere potete guarnire anche con gamberetti sgusciati e scottati, piselli o prosciutto crudo).

Cuocete a vapore per 10-12 minuti e servite nei cestelli di bambù.

Rotolini di vite

TEMPO: 1 ORA E 30 MINUTI
DIFFICOLTÀ: MEDIA
PORZIONI: 4

- 20 foglie di vite
- 2 cipolle
- vino bianco secco
- 1 cucchiaio di pinoli
- 80 g di riso
- 50 g di polpa di pomodoro
- 1 cucchiaio di aneto tritato
- 1 cucchiaio di menta essiccata
- 1 cucchiaino di cannella in polvere
- noce moscata
- il succo di 1 limone
- olio extravergine di oliva
- sale, pepe

Scottate le foglie di vite e stendetele ad asciugare su un canovaccio.

Tritate le cipolle e fatele appassire in poco vino. Aggiungete poi i pinoli tritati. Tostate il riso nella cipolla, unite la polpa di pomodoro e regolate di sale e pepe. Bagnate con un bicchiere di acqua e fate cuocere fino a ottenere un risotto asciutto.

Poco prima di spegnere il fuoco, insaporite con aneto, menta, cannella e una grattata di noce moscata.

Distribuite la farcia di riso su metà delle foglie e chiudetele a involtino.

Con quelle avanzate foderate una teglia e disponetevi sopra gli involtini, uno vicino all'altro in modo che non si aprano.

Emulsionate il succo di limone con un filo di olio e mezzo bicchiere di acqua tiepida.

Irrorate con questa salsina gli involtini e cuocete in forno già caldo a 160 °C per 45 minuti.

Servite gli involtini in singole coppette o in un vassoio.

Riso alle mele verdi e pecorino

TEMPO: 30 MINUTI
DIFFICOLTÀ: MEDIA
PORZIONI: 8

- 1 carota
- 1 scalogno
- 2 mele verdi
- 400 g di riso
- 12 cl di vino bianco
- 1 l di brodo vegetale
- il succo di 1/2 limone
- 80 g di pecorino grattugiato
- 70 g di burro
- olio extravergine di oliva
- sale
- pepe bianco

Mondate la carota e lo scalogno e tagliateli a cubetti.

Sbucciate una mela, eliminate il torsolo e tagliatela a cubetti. Rosolate i cubetti di mela, di carota e di scalogno, senza farli colorire, in una pentola con un filo di olio.

Aggiungete il riso, tostatelo e sfumatelo con 8 cl di vino.

Fatelo evaporare, poi versate un po' alla volta il brodo bollente. Salate e pepate.

Lavate la mela rimasta e tagliatela in 8 spicchi, eliminando il torsolo. Metteteli in una ciotola e bagnateli con il succo di limone e il vino rimasto.

Dopo circa 16 minuti togliete il risotto dal fuoco tenendolo leggermente morbido. Versate ancora un mestolino di brodo.

Fate riposare per 2 minuti. Aggiungete il pecorino e il burro.

Mantecate mescolando energicamente. Servitelo in 8 tazzine, guarnendo con gli spicchi di mela tenuti da parte.

Tartare con capperi

TEMPO: 30 MINUTI
DIFFICOLTÀ: BASSA
PORZIONI: 8

- 50 g di capperi sotto sale
- 50 g di acciughe sottolio
- 500 g di filetto di manzo
- 30 g di cipolla rossa
- il succo di 1 limone
- senape
- olio extravergine di oliva
- sale, pepe

Sciacquate, asciugate e tritate i capperi, tenendone 8 da parte, con le acciughe.

Tritate finemente il filetto a coltello e mescolatelo con gli ingredienti precedentemente preparati e la cipolla tritata.

Condite con un'emulsione preparata con il succo di limone, un po' di senape, dell'olio, sale e pepe; mescolate con cura.

Formate 8 cilindretti con la carne, posatene uno su ogni piattino e guarniteli con i frutti di cappero tenuti da parte.

Zuppa di patate rosse con zenzero

TEMPO: 45 MINUTI
DIFFICOLTÀ: BASSA
PORZIONI: 8

- 300 g di patate rosse
- 1/2 l di brodo vegetale
- 1 cucchiaio di fecola
- 100 g di burro
- 120 g di crescenza
- 50 g di zenzero fresco
- 1 albume
- sale

PER COMPLETARE

- zenzero a listarelle (facoltativo)
- pepe

Sbucciate le patate, tagliatele a dadini e cuocetele nel brodo bollente per 15 minuti.

Aggiungete la fecola setacciata, il burro e del sale. Frullate con il frullatore a immersione fino a ottenere una crema densa.

Mettete la crescenza in una ciotola, aggiungete lo zenzero grattugiato e lavorate bene con una spatola, quindi unite l'albume montato a neve, mescolando dal basso verso l'alto.

Decorate a piacere con dello zenzero tagliato a listarelle e una spolverata di pepe.

un party con gli amici

Alette di pollo alla griglia con chutney di pomodori

TEMPO: 1 ORA
DIFFICOLTÀ: MEDIA
PORZIONI: 6

PER LE ALETTE
- 12 alette di pollo
- olio extravergine di oliva
- sale, pepe

PER IL CHUTNEY
- 4 spicchi di aglio
- 6 peperoncini piccanti rossi
- 4 cucchiai di aceto
- 1 cucchiaio di zenzero grattugiato
- 500 g di pomodori
- 1 cucchiaio di semi di cumino
- 200 g di zucchero
- sale

Per il chutney: tritate con l'aglio i peperoncini privati dei semi e mescolateli con un cucchiaio di aceto e lo zenzero.

Immergete i pomodori in acqua bollente, sbucciateli, affettateli, versateli in una pentola insieme con l'aceto rimasto e fateli cuocere per 15 minuti.

Aggiungete nella pentola tutti gli altri ingredienti e fate bollire lentamente il chutney fino a quando avrà raggiunto la consistenza di una mostarda.

Per le alette: fiammeggiate le alette di pollo per eliminare residui di penne e grigliatele a calore medio-alto, rigirandole, per 8-12 minuti (a seconda della grossezza).

Durante la cottura spennellatele con dell'olio insaporito con sale e pepe.

Servitele subito, accompagnando con il chutney in ciotoline individuali.

Arrotolatino di peperoni

TEMPO: 1 ORA + 3 ORE DI RIPOSO
DIFFICOLTÀ: MEDIA
PORZIONI: 8

- 2 peperoni rossi
- 2 peperoni gialli
- 50 g di spinaci
- qualche rametto di prezzemolo
- 100 g di formaggio spalmabile
- olio extravergine di oliva
- sale, pepe

Mondate i peperoni, tagliateli a falde e grigliateli. Eliminate la pellicina esterna quando sono ancora caldi.

Tritate separatamente gli spinaci e il prezzemolo.

Disponete sul piano di lavoro le falde di peperone rosso e giallo; spalmate su ognuna un po' di formaggio, coprite con gli spinaci tritati e cospargete il tutto con il prezzemolo finemente tritato.

Insaporite con sale e pepe e arrotolate le falde su se stesse, poi avvolgete ciascun involtino nella pellicola per alimenti. Fateli riposare in frigorifero per almeno 3 ore.

Al momento di servire togliete la pellicola e suddividete gli involtini sui piatti individuali.

Crostini di zucca con chutney di pomodoro

TEMPO: 1 ORA
DIFFICOLTÀ: MEDIA
PORZIONI: 8

- 8 fette di pane aromatizzato alla zucca
- 250 g di formaggio morbido da spalmare
- 8 foglie di rucola

PER IL CHUTNEY

- 250 g d pomodori
- 3 peperoncini rossi piccanti
- 2 spicchi di aglio
- 2 cucchiai di aceto
- 1 cucchiaino di zenzero grattugiato
- 1/2 cucchiaino di semi di cumino
- 100 g di zucchero
- sale

Per il chuntey tritate i peperoncini con l'aglio e mescolateli con 1/2 cucchiaio di aceto e lo zenzero.

Immergete i pomodori in acqua bollente, spellateli, affettateli, versateli in una pentola e fateli cuocere con l'aceto rimasto per 15 minuti.

Aggiungete gli altri ingredienti, regolate di sale e fate sobbollire lentamente fino a quando il chutney non avrà raggiunto la consistenza di una mostarda e fate raffreddare.

Distribuite sulle fette di pane un po' di formaggio, ricopritele con un po' di chutney e guarnite con una foglia di rucola.

Ciambella allo yogurt e amaretti

TEMPO: 1 ORA
DIFFICOLTÀ: BASSA
PORZIONI: 8-10

- 3 uova
- 1 vasetto di zucchero
- 1 bustina di vanillina
- 1 vasetto di yogurt al naturale (125 g)
- 3 vasetti di farina
- 1 bustina di lievito
- 3 cucchiai di olio di semi di mais
- 100 g di amaretti
- latte (facoltativo)

PER GUARNIRE

- zucchero a velo

Mescolate con cura le uova con lo zucchero e la vanillina. Aggiungete poco per volta al composto lo yogurt, la farina e il lievito, mescolando in modo che non si formino grumi.

Poi unite l'olio e gli amaretti tritati, e amalgamate il tutto fino a ottenere un composto morbido. Se necessario aggiungete del latte.

Versate l'impasto in uno stampo per ciambella unto con poco olio (oppure utilizzate uno stampo in silicone, che non richiede di essere unto) e cuocete in forno già caldo a 180 °C per circa 40 minuti.

Per verificare il grado di cottura, inserite uno stuzzicadenti nel dolce: è cotto quando lo stuzzicadenti rimane asciutto.

Sfornate e lasciate intiepidire, quindi rovesciate la ciambella su un piatto da portata, spolverizzatela con poco zucchero a velo e tagliatela a fettine.

Cosce di pollo al miele e senape

TEMPO: 40 MINUTI + 3 ORE DI RIPOSO
DIFFICOLTÀ: BASSA
PORZIONI: 10

- 10 cosce di pollo
- 60 g di miele
- senape
- aceto di vino bianco
- olio extravergine di oliva

Su ciascuna coscia praticate dei tagli e ponetele in un piatto non metallico.

Sbattendo con la forchetta, amalgamate il miele con un filo di olio, qualche goccia di aceto e un paio di cucchiai di senape.

Versate la marinata sul pollo in modo che ne sia uniformemente ricoperto. Coprite con pellicola per alimenti e fate marinare in frigorifero per almeno 3 ore.

Ponete le cosce su una gratella e cuocetele sotto il grill caldo, girandole e spennellandole spesso con la marinata, per 25 minuti, finché non diventano tenere e, punzecchiandole con uno spiedino nella parte più polposa, fuoriesce un sugo chiaro.

Fatele raffreddare, quindi trasferitele in piattini individuali.

Fish and chips

TEMPO: 1 ORA
DIFFICOLTÀ: MEDIA
PORZIONI: 8

- 300 ml di birra chiara
- 20 g di lievito di birra fresco
- 400 g di farina
- 800 g di patate
- 700 g di filetti di merluzzo
- olio per friggere
- sale

Unite la birra e 3 dl di acqua ghiacciata e stemperatevi il lievito. Amalgamate quindi la farina e un pizzico di sale e sbattete con una frusta per eliminare gli eventuali grumi.

Lasciate riposare a temperatura ambiente, coperto da pellicola per alimenti, per 45 minuti.

Nel frattempo, sbucciate le patate e tagliatele a fiammifero, quindi friggetele nell'olio bollente. Scolatele su carta assorbente da cucina e salatele.

Tagliate i filetti di pesce in striscioline, immergetele nella pastella e ponetele a friggere in olio bollente per circa un minuto e mezzo.

Scolatele con una schiumarola, mettetele su carta assorbente da cucina, regolate di sale e dividetele in singole ciotoline unendo anche le patatine.

Flan di zucchine

TEMPO: 1 ORA E 15 MINUTI
DIFFICOLTÀ: MEDIA
PORZIONI: 6

- 150 g di zucchine
- 1 dl di latte
- 3 cucchiai di panna
- 50 g di grana grattugiato
- 3-4 foglie di basilico
- 3 uova
- sale, pepe
- burro e farina per gli stampini

Mondate le zucchine e lessatele al vapore. Frullatele poi con il latte, la panna, il grana, il basilico, le uova, sale e pepe.

Distribuite il composto in stampini monoporzione imburrati e infarinati, poneteli in una pentola capace a bagnomaria e cuocete in forno già caldo a 140 °C per 40 minuti.

Sformate i flan e serviteli nelle coppettine di cottura o su un vassoio da portata.

Girelle al salmone

TEMPO: 20 MINUTI
DIFFICOLTÀ: BASSA
PORZIONI: 8

- 300 g di salmone affumicato
- 150 g di robiola
- 1 mazzetto di prezzemolo (facoltativo)

Tagliate il salmone a strisce di circa 7x15 cm e stendetele su un piano da lavoro o un tagliere. Spalmate su ognuna un po' della robiola e arrotolate le strisce a rosa.

Servite le girelle di salmone in coppette individuali.

Per una versione più aromatica, tritate finemente il prezzemolo e amalgamatelo alla robiola.

Patatine di sedano rapa

TEMPO: 40 MINUTI
DIFFICOLTÀ: MEDIA
PORZIONI: 8

- 2 sedani rapa
- il succo di 1 limone
- farina
- olio extravergine di oliva
- sale

Mondate e sbucciate i sedani rapa. Tagliatelo a bastoncini larghi 1 cm e lunghi 6-7 cm e cuoceteli per 3-4 minuti in acqua bollente acidulata con il succo di limone.

Scolateli bene, quindi passateli in una pastella densa preparata con farina, acqua e un pizzico di sale. Friggete le "patatine" di sedano rapa in olio bollente.

Con una schiumarola, scolate i bastoncini e poneteli ad asciugare su carta assorbente da cucina. Regolate di sale e servite in contenitori individuali.

Polpo e patate

TEMPO: 1 ORA E 20 MINUTI + 2 ORE DI RIPOSO
DIFFICOLTÀ: MEDIA
PORZIONI: 8-10

- 1 polpo da ca. 1 kg
- 1 cipolla piccola
- 1 pezzetto di carota
- 2 foglie di sedano
- 600 g di patate
- 1 spicchio di aglio
- 1 ciuffo di prezzemolo
- aceto di vino bianco
- olio extravergine di oliva
- sale, pepe in grani

Pulite il polpo asportando occhi e becco; separate la testa e rovesciate la sacca interna ripulendola dalle viscere. Sciacquatelo in acqua corrente e poi lasciatelo asciugare.

Portate a bollore dell'acqua aromatizzata con la cipolla e la carota mondate, le foglie di sedano e qualche grano di pepe; fatevi cuocere il polpo per circa un'ora, fin quando i rebbi della forchetta riusciranno a penetrare facilmente nella carne.

Sbucciate le patate e lessatele in abbondante acqua leggermente salata, quindi fatele raffreddare e tagliatele a rondelle.

Scolate il polpo e lasciatelo intiepidire, eliminate il più possibile la pelle e tagliatelo a pezzetti.

Tritate insieme l'aglio e il prezzemolo; emulsionate dell'aceto e dell'olio, salate e pepate, quindi unitevi il trito aromatico e condite il polpo con la salsina ottenuta.

Lasciate insaporire almeno un paio d'ore prima di servire.

Appoggiate un pezzetto di polpo su ogni rondella di patata e infilzate il tutto con uno spiedino.

Prosciutto crudo e sorbetto di melone

TEMPO: 30 MINUTI + 2 ORE DI RIPOSO
DIFFICOLTÀ: BASSA
PORZIONI: 6

- 1 melone maturo
- 120 ml di sciroppo di zucchero
- 1 albume
- 6 fette di prosciutto crudo
- sale

Private della scorza il melone, eliminate tutti i semi e raccogliete la polpa nel bicchiere del frullatore. Unite lo sciroppo di zucchero e un pizzico di sale e azionate un attimo, solo per mescolare gli ingredienti.

Trasferite il frullato a rapprendere nel congelatore per un'ora.

Frullate nuovamente il melone con l'albume fino ad avere un composto omogeneo; rimettete nel congelatore per un'ora.

Suddividete il sorbetto di melone in 6 bicchieri da vino e completate ogni porzione con una fetta di prosciutto.

Un bicchiere di sangria... ed è subito festa!

La festa tra amici è un'opportunità per ritrovarsi e vivere momenti di divertimento e leggerezza. Anche le bevande di accompagnamento devono essere adatte all'evento. Se optate per gli alcolici, qui di seguito troverete due cult, Cuba libre e Gin lemon, adatti a svariate occasioni, ma anche cocktail con la birra, un vero trend del momento, e l'immancabile sangria.

CUBA LIBRE

per 1 persona
3-4 cubetti di ghiaccio
5 cl di rum chiaro
10 cl di Coca-Cola
1 fetta di lime

Mettete in un tumbler basso il ghiaccio, quindi versate il rum e la Coca-Cola. Mescolate e servite guarnendo con la fetta di lime.

GIN LEMON

per 1 persona
3-4 cubetti di ghiaccio
6 cl di gin
4 cl di Schweppes Lemon
1/2 fetta di limone

Mettete in un tumbler medio il ghiaccio, quindi versate il gin e la Schweppes Lemon. Mescolate e servite guarnendo con la fetta di limone.

BIRRA VODKA

per 1 persona

300 ml di birra chiara ghiacciata
3 bicchierini di vodka ghiacciata
salsa Tabasco

In un calice da vino versate la birra e la vodka. Unite qualche goccia di Tabasco e servite.

PUNTURA DI VESPA

per 1 persona

250 ml di birra scura ghiacciata
50 ml di succo di arancia freddo
1 ciliegia da cocktail

In un calice da vino versate la birra ghiacciata, poi unite il succo di arancia. Mescolate bene e servite guarnendo con la ciliegina.

SANGRIA

per 8 persone

2 pesche
2 mele
50 di zucchero
5 cl di brandy
1 limone non trattato
2 arance non trattate
2 chiodi di garofano
1 baccello di vaniglia
1 stecca di cannella
75 cl di gassosa
1,5 l di vino rosso

Sbucciate le pesche e le mele e tagliatele a cubetti piuttosto piccoli. Aggiungete lo zucchero e il brandy, mescolate e lasciate insaporire per circa un'ora. Tagliate gli agrumi a fettine sottili senza sbucciarli. Metteteli in una terrina con i chiodi di garofano, la vaniglia e la cannella. Copriteli con la gassosa e lasciateli riposare per un'ora. Eliminate le spezie e riunite tutta la frutta tagliata a pezzi, con la sua marinatura, in una caraffa. Aggiungete il vino e lasciate riposare in frigorifero per almeno 2 ore prima di servire.

Shish kebab al lardo e cipolla

TEMPO: 45 MINUTI + 30 MINUTI DI RIPOSO
DIFFICOLTÀ: MEDIA
PORZIONI: 8

- 800 g di carré di agnello disossato
- 200 g di lardo in 2 fette
- il succo di 1 limone
- 1 rametto di timo
- 2 foglie di alloro
- 2 cipolle
- 1 bicchiere di olio extravergine di oliva
- sale, pepe

Tagliate l'agnello a cubetti di circa 2 cm di lato; riducete a tocchetti il lardo. Conditeli con la marinata preparata sbattendo l'olio con il succo di limone, le foglioline di timo, l'alloro sbriciolato e abbondante pepe.

Mescolate e lasciatevi marinare carne e lardo per circa 30 minuti.

Sbucciate le cipolle e tagliatele a spicchi. Infilzate negli spiedini i cubetti di agnello e di lardo ben sgocciolati dalla marinata e gli spicchi di cipolla, alternando gli ingredienti. Salate appena.

Disponete gli spiedini sulla graticola tenuta vicina alle braci e fateli dorare velocemente, rigirandoli, calcolando circa un minuto per parte.

Poi alzate la graticola e continuate la cottura per altri 6-7 minuti, rigirando e spennellando ogni tanto con la marinata.

Servite subito, accompagnando a piacere con del riso aromatizzato allo zafferano.

Tempura di gamberi

TEMPO: 30 MINUTI
DIFFICOLTÀ: MEDIA
PORZIONI: 6

- 18 gamberi
- 200 g di farina di riso
- salsa di soia
- olio di semi di arachide

Mondate i gamberi, privandoli della testa, del guscio e del budellino, ma lasciando attaccate le code.

Versate la farina in una ciotola e diluitela con 2 dl di acqua ghiacciata, mescolando rapidamente con una frusta: dovrete ottenere una pastella disomogenea, in cui possono essere presenti piccoli grumi e bolle d'aria.

Tuffate i gamberi nella pastella, in modo che se ne ricoprano interamente, quindi friggeteli, pochi per volta, in abbondante olio caldo a 180-190 °C; sgocciolateli non appena saranno dorati e trasferiteli su carta assorbente da cucina perché perdano l'unto in eccesso.

Servite i gamberi ben caldi in singole ciotoline, insaporiti con qualche goccia di salsa di soia.

Triangoli di caprino

TEMPO: 1 ORA
DIFFICOLTÀ: MEDIA
PORZIONI: 8

- 200 g di spinaci
- 400 g di caprino fresco
- 500 g di pasta fillo
- olio extravergine di oliva
- olio di semi di girasole
- sale, pepe

Fate saltare gli spinaci in un filo di olio di oliva. Regolate di sale e pepe e tagliateli grossolanamente.

Mescolate gli spinaci al caprino e ad abbondante pepe.

Ricavate dalla pasta 16 rettangoli da 15x3 cm circa. Disponete una noce di caprino al centro di ognuno e avvolgeteli su se stessi formando dei triangoli. Premete sui bordi per far aderire la pasta.

Friggeteli in olio di semi e serviteli subito.

Vongole con patate e salsiccia

TEMPO: 1 ORA + 1 ORA DI RIPOSO
DIFFICOLTÀ: MEDIA
PORZIONI: 8

- 1 kg di vongole
- 2 spicchi di aglio
- 1 bicchiere di vino bianco
- 400 g di patate
- 200 g di salsiccia
- 1 ciuffo di prezzemolo
- 4 fette di pane casereccio
- olio extravergine di oliva
- sale, pepe

Sciacquate le vongole sotto l'acqua corrente, quindi lasciatele a bagno in acqua salata per circa un'ora; sgocciolatele, trasferitele in una padella con poco olio e fatele aprire su fuoco vivace.

Scartate quelle rimaste chiuse e trasferite le rimanenti in una casseruola in cui avrete fatto soffriggere l'aglio tritato con un filo di olio. Bagnate con il vino e lasciatelo evaporare, quindi unite le patate, sbucciate e tagliate a dadini, e la salsiccia sbriciolata.

Salate, pepate, incoperchiate e lasciate cuocere per circa 20 minuti a fuoco medio.

Distribuite le vongole, le patate e le salsicce in scodelline individuali, cospargete di prezzemolo tritato e servite, accompagnando con cubetti di pane tostato.

Zuppa di barbabietole

TEMPO: 30 MINUTI
DIFFICOLTÀ: BASSA
PORZIONI: 6

- 350 g barbabietole rosse lessate
- brodo vegetale
- 40 g di burro
- 1/2 baguette
- sale
- pepe bianco in grani

Sbucciate le barbabietole, tagliatele a tocchetti e frullatele con il mixer a immersione unendo un mestolo di brodo in modo da ottenere una crema omogenea.

Scaldate la crema ottenuta, aggiungendo ancora del brodo se dovesse risultare troppo densa.

Incorporate il burro, regolate di sale e pepe e fate cuocere ancora qualche minuto.

Suddividete la crema in coppette o bicchierini e completate con fettine di baguette abbrustolite e granelli di pepe tritati grossolanamente. A piacere potete unire un cucchiaino di robiola o formaggio morbido.

Datteri ripieni

TEMPO: 30 MINUTI
DIFFICOLTÀ: BASSA
PORZIONI: 4

- 500 g di datteri
- 170 g di mandorle sgusciate e spellate
- 100 g di zucchero
- 3 cucchiai di acqua di fiori di arancio (o acqua di rose)
- burro (facoltativo)

Incidete i datteri longitudinalmente ed estraetene il nocciolo.

Tritate finemente le mandorle nel mixer, unendo lo zucchero e l'acqua aromatica.

Lavorate il tutto con cura fino a ottenere un impasto compatto; se vi sembra necessario, unite un po' di burro fuso per ottenere la giusta consistenza.

Farcite i datteri con il composto preparato e servite.

Macedonia nell'arancia

TEMPO: 45 MINUTI
DIFFICOLTÀ: BASSA
PORZIONI: 4

- 2 arance rosse
- il succo di 1 limone
- 2 mandarini
- 2 kiwi
- 1 melagrana
- 4-5 fragole
- 4-5 acini di uva
- 50 g di zucchero
- scorze di lime
- foglie di menta
- chiodi di garofano (facoltatitivi)

Tagliate a metà le arance ed estraete la polpa, facendo attenzione a non rompere la scorza.

Conservate le 4 scorze vuote in acqua fredda acidulata con poco succo di limone. Tagliate la polpa ricavata a pezzetti ed eliminate eventuali residui della pellicina che ricopre gli spicchi.

Sbucciate i mandarini, tagliate a pezzi gli spicchi ed eliminate la pellicina che li ricopre.

Praticando piccole incisioni, eliminate anche gli eventuali semi. Sbucciate i kiwi e tagliateli a pezzi. Aprite la melagrana e ricavatene i chicchi. Tagliate a fettine fragole e uva.

Riunite tutta la frutta in una ciotola, aggiungete i chicchi di melagrana in quantità a piacere, spolverizzate con lo zucchero e il resto del succo di limone e mescolate con delicatezza.

Servite la macedonia all'interno delle calotte d'arancia, decorando ogni porzione con foglioline di menta ed eventualmente con chiodi di garofano infilzati nella scorza delle arance.

la festa per i bambini

Bastoncini di polenta

TEMPO: 1 ORA
DIFFICOLTÀ: MEDIA
PORZIONI: 4-5

- 150 g di polenta istantanea
- olio extravergine di oliva
- sale

Preparate la polenta seguendo le istruzioni della confezione, quindi regolate di sapore.

Stendete la polenta su un tagliere a uno spessore di 4 cm e lasciatela raffreddare e rassodare.

Tagliate la polenta fredda a bastoncini e friggeteli in olio bollente per 3-4 minuti su tutti i lati, finché non saranno dorati e croccanti.

Servite i bastoncini di polenta in piattini individuali, accompagnandoli con salsine a piacere.

Crocchette di patate

TEMPO: 1 ORA E 30 MINUTI
DIFFICOLTÀ: MEDIA
PORZIONI: 8

- 1 kg di patate
- 1 uovo
- 3 tuorli
- noce moscata
- pangrattato
- olio per friggere
- sale
- pepe in grani

Lavate e lessate le patate in abbondante acqua salata, poi sbucciatele, passatele allo schiacciapatate ancora calde, quindi raccogliete il purè in una terrina.

Lasciate intiepidire, unite l'uovo e i tuorli, un pizzico di noce moscata grattugiata, del sale e una macinata di pepe.

Amalgamate il tutto impastando delicatamente con le mani.

Ricavate delle crocchette e passatele nel pangrattato.

Scaldate dell'olio e friggete le crocchette, poche alla volta, rigirandole.

Man mano che saranno dorate e croccanti, sgocciolatele e ponetele su un foglio di carta assorbente da cucina, affinché perdano l'unto in eccesso. Servitele molto calde e leggermente salate, accompagnandole con salsine a piacere.

Frittelle di zucchine e formaggio

TEMPO: 1 ORA + 30 MINUTI DI RIPOSO
DIFFICOLTÀ: MEDIA
PORZIONI: 8

- 500 g di zucchine
- 300 g di patate
- 200 g di asiago
- 2 uova
- 2 cucchiaini di origano
- farina
- olio per friggere
- sale grosso
- sale fino
- pepe in grani

Lavate e grattugiate finemente le zucchine, mettetele in un colino e cospargetele con una manciata di sale grosso affinché perdano l'acqua di vegetazione.

Dopo circa 30 minuti, sciacquatele sotto l'acqua corrente, strizzatele con cura e arrotolatele in un canovaccio pulito per asciugarle bene.

Nel frattempo lavate e lessate le patate in abbondante acqua salata, sbucciatele e passatele allo schiacciapatate.

Raccogliete il purè in una terrina e aggiungete il formaggio tagliato a dadini minuti.

Unite le zucchine alle patate, legate il composto con le uova leggermente sbattute e insaporite con una macinata di pepe e l'origano.

Mescolate bene con un cucchiaio di legno per amalgamare gli ingredienti, quindi formate con le mani tante polpettine rotonde leggermente schiacciate; passatele nella farina e friggetele nell'olio ben caldo.

Quando le polpette saranno croccanti e dorate, sgocciolatele su carta assorbente da cucina e servitele subito.

Funghetti spiritosi

TEMPO: 40 MINUTI
DIFFICOLTÀ: BASSA
PORZIONI: 4

- 4 uova
- maionese
- 2 pomodori
- erba cipollina
- foglie di prezzemolo

Rassodate le uova e sgusciatele.

Prendete 4 piattini e mettete un cucchiaio di maionese al centro di ognuno.

Tagliate una fettina alla base delle uova in modo che stiano in piedi, poi mettetene una su ogni piattino, sopra la maionese.

Tagliate a metà i pomodori e svuotateli.

Mettete un cucchiaino scarso di maionese su ogni uovo e coprite con un mezzo pomodoro.

Con la maionese create i puntini dei funghetti e decorate la base con erba cipollina e prezzemolo.

Frittata alle carote

TEMPO: 45 MINUTI
DIFFICOLTÀ: BASSA
PORZIONI: 8

- 1 carota grossa
- 2 patate
- 1 cipolla
- vino bianco secco
- 3 uova
- 30 g di grana grattugiato
- sale

Sbucciate e grattugiate la carota e le patate.

Affettate a velo la cipolla e fatela appassire in poco vino. Unite quindi patate e carote e lasciate cuocere per 10 minuti a fuoco dolce, mescolando spesso.

Sbattete le uova in una ciotola e unitevi il soffritto ben scolato e il grana. Salate e frullate il composto.

Foderate una pirofila con carta da forno e trasferitevi il composto. Cuocete in forno già caldo a 200 °C per circa 20 minuti, fino a quando la frittata non risulta dorata.

Servite la frittata calda o fredda, tagliata a cubetti.

Frittata con patate e basilico

TEMPO: 45 MINUTI
DIFFICOLTÀ: BASSA
PORZIONI: 10

- 3 patate medie
- 6 uova
- 2 cucchiai di latte
- 2 cucchiai di grana grattugiato
- 2-3 foglie di basilico
- sale, pepe

Sbucciate le patate e tagliatele a fettine sottilissime.

Sbattete le uova con il latte e il grana e unitevi le patate.
Aggiungete il basilico sminuzzato e regolate di sale e pepe.

Foderate una pirofila con carta da forno e trasferitevi il composto.

Cuocete in forno già caldo a 200 °C per circa 20 minuti
fino a quando la frittata non risulta dorata.

Tagliatela a cubetti e servitela caldissima.

Miniburger con pomodori

TEMPO: 35 MINUTI
DIFFICOLTÀ: BASSA
PORZIONI: 4

- 8 piccoli hamburger di vitello
- 2 manciate di rucola
- 1 pomodoro
- 4 sottilette
- 8 minipanini da hamburger
- sale, pepe

Cuocete alla piastra gli hamburger, poi regolateli di sale e pepe.

Nel frattempo mondate e lavate la rucola e il pomodoro. Tagliate a rondelle quest'ultimo.

Tagliate in due le sottilette. Scaldate brevemente in forno i minipanini.

Componete i miniburger: tagliate a metà i panini, mettete sulla base un letto di rucola, ponetevi l'hamburger caldissimo, poi sistematevi sopra una sottiletta e infine una rondella di pomodoro.

Chiudete i panini, fermateli con una forchettina di legno e serviteli.

A piacere, potete arricchire i panini con bacon scottato in padella.

Frullati, frappè e centrifugati

Sono invitanti e golosi e poi sono ricchi di vitamine, tanto importanti per i bambini, ma non solo per loro.
Frullati e frappè sono buoni e piacciono a tutti: un'alternativa deliziosa e gustosa, adatta proprio a una festa dedicata ai più piccoli.

FRAPPÈ ALLE FRAGOLE

per 2 persone
7-8 fragole
8-10 cubetti di ghiaccio
50 ml di latte

Lavate le fragole, tagliatele a pezzetti, mettetele nel bicchiere del frullatore, unite il ghiaccio e infine il latte. Azionate l'elettrodomestico per circa 5 minuti. Questo frullato, ovviamente, può essere preparato con qualsia tipo di frutta.

FRAPPÈ DI FRUTTA

per 2 persone
1 banana
1 mela
1 pera
1 pesca
6-7 cubetti di ghiaccio
1 bicchiere di latte

Mondate la frutta e riducetela a tocchetti. Ponetela nel frullatore, unite il ghiaccio e il latte e azionate l'elettrodomestico. Se il frappè dovesse risultare troppo denso, aggiungete un po' di latte. Frullate per 5 minuti circa, poi servite.

CENTRIFUGATO DI PESCA, ALBICOCCA E MELONE

per 2 persone
2 pesche
3 albicocche
300 g di polpa di melone

Mondate pesche e albicocche, sbucciatele e tagliatele a pezzetti. Unitevi la polpa di melone, centrifugate e servite.

CENTRIFUGATO DI MELE

per 2 persone
3 mele
300 g di uva bianca senza semi

Mondate le mele, sbucciatele e tagliatele a pezzetti. Sbucciate anche l'uva e tagliatela in due. Centrifugate e servite.

FRULLATO DI ANGURIA

per 2 persone
500 g di polpa di anguria
il succo di 1/2 limone

Mettete la polpa nel frullatore insieme al succo di limone e a un bicchiere di acqua. Azionate l'elettrodomestico e frullate per 5 minuti circa.

FRULLATO DI BANANA, ARANCIA E ZENZERO

per 2 persone
1 banana
2 arance
zenzero in polvere

Spremete le arance, mettete il succo nel frullatore insieme alla banana a rondelle e a un pizzico di zenzero. Azionate l'elettrodomestico e frullate per 5 minuti circa.

Minicroissant al grana

TEMPO: 50 MINUTI
DIFFICOLTÀ: BASSA
PORZIONI: 8

- 1 confezione di pasta sfoglia
- 100 g di grana grattugiato
- 1 tuorlo
- 1 cucchiaio di latte

Stendete leggermente la sfoglia e dividetela in 8-16 triangolini.

Nella parte centrale di ogni triangolino mettete un'abbondante dose di grana, quindi arrotolate ognuno, partendo dal lato più lungo, dandogli la forma tipica del croissant.

Sbattete il tuorlo con il latte e con questo spennellate ogni minicroissant.

Mettete in forno già caldo a 180 °C per 30 minuti circa.

Minisandwich con pomodoro e salmone

TEMPO: 30 MINUTI
DIFFICOLTÀ: BASSA
PORZIONI: 8

- 1 pomodoro
- 16 fette di pancarré
- 100 g di salmone affumicato
- 8 sottilette

Mondate e lavate il pomodoro, quindi tagliatelo a rondelle.

Con un coppapasta rotondo ricavate da ogni fetta di pancarré un disco di 6-7 cm di diametro; fate altrettanto con le sottilette.

Tostate leggermente i dischi di pancarré, poi su 8 di questi ponete un disco di sottiletta in modo che si sciolga un po'.

Posate su 4 sottilette una rondella di pomodoro e su 4 una fettina di salmone.

Chiudete ogni panino con un secondo disco di pancarré.

Fermate ogni minisandwich con uno stuzzicadenti con una bandierina colorata e servite.

Muffin alle olive

TEMPO: 45 MINUTI
DIFFICOLTÀ: MEDIA
PORZIONI: 8

- 2 uova
- 70 ml di latte
- 70 ml di olio extravergine di oliva
- 150 g di farina
- 1/2 bustina di lievito per torte salate
- 130 g di olive verdi ripiene
- sale, pepe

Sbattete le uova con il latte e l'olio, quindi unite la farina setacciata con il lievito. Regolate di sale e pepe e amalgamate velocemente e con cura.

Infine mescolate al composto le olive tagliate grossolanamente e lavorate fino ad avere un composto omogeneo.

Suddividete il composto nei pirottini da muffin e mettete in forno già caldo a 180 °C per 20-25 minuti.

Sfornate e servite.

Spirali di pollo e pancetta

TEMPO: 40 MINUTI
DIFFICOLTÀ: MEDIA
PORZIONI: 8

- 2 petti di pollo da 300 g l'uno
- 150 g di pancetta a fette
- 3 albumi
- pangrattato
- olio di semi per friggere
- sale

Aprite a libro i petti di pollo, dividete ciascuno in due, quindi tagliateli, per il lungo, in strisce larghe quanto le fette di pancetta.

Su ogni striscia di pollo stendete una fetta di pancetta; arrotolatele su se stesse, in modo da formare una spirale, e fermatele con uno o due stuzzicadenti.

Sbattete leggermente gli albumi, salateli e immergetevi le spirali di pollo, quindi passatele nel pangrattato e cuocetele in olio bollente finché non diverranno dorate.

Ricci di carne alle mandorle

TEMPO: 40 MINUTI
DIFFICOLTÀ: MEDIA
PORZIONI: 6

- 300 g di pomodori maturi
- 250 g di carne di maiale macinata
- 250 g di carne di vitello macinata
- 50 g di pecorino grattugiato
- 1 ciuffo di prezzemolo
- 100 g di mandorle spellate
- olio extravergine di oliva
- sale, pepe

Mondate i pomodori, lavateli e tagliateli a dadini, quindi poneteli in un tegame con un filo di olio caldo; salate, pepate e lasciate cuocere per circa 20 minuti, poi passate al setaccio o frullate per ottenere una salsa liscia.

Amalgamate le carni con il pecorino e il prezzemolo tritato, un pizzico di sale e uno di pepe.

Mescolate con cura, quindi ricavate dall'impasto tante polpette rotonde. Fatele rosolare in una padella con un velo di olio caldo.

Tagliate le mandorle a listarelle, quindi infilzatele nelle polpette, in modo che assumano un aspetto simile a quello dei ricci di castagna.

Trasferite le polpette nel tegame con il sugo di pomodoro e lasciatele insaporire per qualche minuto. Servitele subito.

Tacos farciti

TEMPO: 1 ORA
DIFFICOLTÀ: BASSA
PORZIONI: 8

- 280 g di polpa di pollo
- 2 l di brodo
- 1 peperone
- 1 zucchina
- 8 foglie di lattuga
- 100 g di caciotta
- 8 tortillas di farina di frumento
- maionese
- sale

Lessate la polpa di pollo nel brodo bollente; scolatela, lasciatela raffreddare e tagliatela a striscioline.

Tagliate a julienne anche il peperone e la zucchina; lavate le foglie di lattuga. Tagliate la caciotta a dadini.

Adagiate le tortillas sulla spianatoia, distribuite su ciascuna un velo di maionese, la carne e le verdure.

Completate con la lattuga e la caciotta a dadini. Arrotolate le tortillas e servitele. Se volete, potete tagliarle in due orizzontalmente.

Lecca-lecca di frutta

TEMPO: 40 MINUTI
DIFFICOLTÀ: MEDIA
PORZIONI: 8

- cioccolata fusa (*vedi* pag. 303)
- 2 kiwi
- 1 arancia
- 1 mela
- 1 pera
- 5-6 fragole
- codette di cioccolato o di zucchero

Preparate la cioccolata fusa seguendo le istruzioni di pag. 303.

Mondate, lavate e sbucciate la frutta. Tagliate i kiwi a rondelle, l'arancia a spicchi e la mela e la pera a cubetti. Lasciate intere le fragole.

Infilzate i pezzetti di frutta ognuno su uno stuzzicadenti, quindi intingeteli uno a uno nella cioccolata, ricoprendo la frutta completamente o solo in parte, a piacere.

Ripassate qualche lecca-lecca nelle codette di cioccolato o di zucchero e infilzate gli stuzzicadenti in un supporto di polistirolo per far asciugare i lecca-lecca.

Sgonfiotti farciti con mortadella

TEMPO: 45 MINUTI
DIFFICOLTÀ: MEDIA
PORZIONI: 6

- 250 g di pasta da pane
- 150 g di mortadella a fette
- 80 g di fontina
- 100 g di ricotta
- olio di semi per friggere
- sale, pepe

Stendete con il matterello la pasta da pane sulla spianatoia infarinata per ottenere una sfoglia rettangolare di circa 2 mm di spessore; con una rotella dentata ricavate tanti quadrati di circa 9 cm di lato.

Tagliate la mortadella a pezzetti e ponetela in una terrina; unite la fontina a dadini minuti e la ricotta, precedentemente ammorbidita con una forchetta.

Amalgamate il tutto, insaporite con sale e pepe, quindi distribuite un cucchiaino di composto al centro di ogni quadrato di pasta.

Ripiegate a triangolo gli sgonfiotti farciti, sigillando bene i bordi con le dita. Friggete in una padella con abbondante olio pochi sgonfiotti alla volta.

Quando risulteranno gonfi, croccanti e dorati, scolateli e poneteli su un foglio di carta assorbente da cucina. Serviteli caldissimi.

Vitello tonnato leggero

TEMPO: 1 ORA E 30 MINUTI
DIFFICOLTÀ: MEDIA
PORZIONI: 8

PER IL VITELLO
- 500 g di girello di vitello
- 1 gambo di sedano
- 1 carota
- aceto
- sale

PER LA SALSA
- 2 tuorli
- 1 bicchiere di olio extravergine di oliva
- il succo di 1 limone
- 100 g di tonno sottolio
- sale

Per il vitello: immergete la carne in una pentola di acqua bollente salata con il sedano e la carota mondati e tagliati a tocchetti. Fatela cuocere per circa un'ora, quindi sgocciolatela, spruzzatela con poco aceto e lasciatela raffreddare.

Per la salsa: ponete in una ciotola i tuorli, che dovranno essere freschissimi; mescolate con un cucchiaio di legno, quindi cominciate a versare l'olio, prima goccia a goccia poi a filo, sempre mescolando. Quando la salsa avrà preso consistenza, si potrà procedere un po' più in fretta.

Diluite la maionese ottenuta con il succo filtrato del limone, quindi incorporate il tonno sgocciolato e tritato e regolate di sale.

Affettate finemente la carne, poi tagliatela a pezzetti. Suddividetela in ciotoline individuali e versatevi sopra la salsa tonnata. Lasciatela insaporire per qualche minuto prima di servire.

indici

Indice per sezioni

IL BRUNCH

L' APERITIVO

UNA CENA INFORMALE

UN PARTY CON GLI AMICI

LA FESTA PER I BAMBINI

LE BEVANDE

Con · **A** · segnaliamo le bevande alcoliche.

Indice alfabetico

Referenze fotografiche

Archivio Gribaudo p. 149

Nicoletta Innocenti pp. 73, 93, 105, 113, 120, 133, 141, 157, 161, 165, 169, 172, 205, 209, 213, 245, 280, 285

Paolo Picciotto pp. 77, 129, 197, 221, 289, 341

Shutterstock Images pp. 13, 17, 21, 25, 29, 33, 37, 41, 45, 49, 53, 57, 61, 65, 69, 81, 89, 97, 101, 108, 116, 117, 125, 137, 145, 177, 181, 185, 188, 189, 193, 201, 217, 229, 233, 237, 241, 249, 253, 257, 261, 264, 265, 269, 273, 277, 293, 301, 305, 309, 313, 317, 320, 321, 325, 329, 333, 337, 345, 349